ZHONGGUO ZISHA MINGHU

中国紫砂名壶

范伟群 汪传智 编

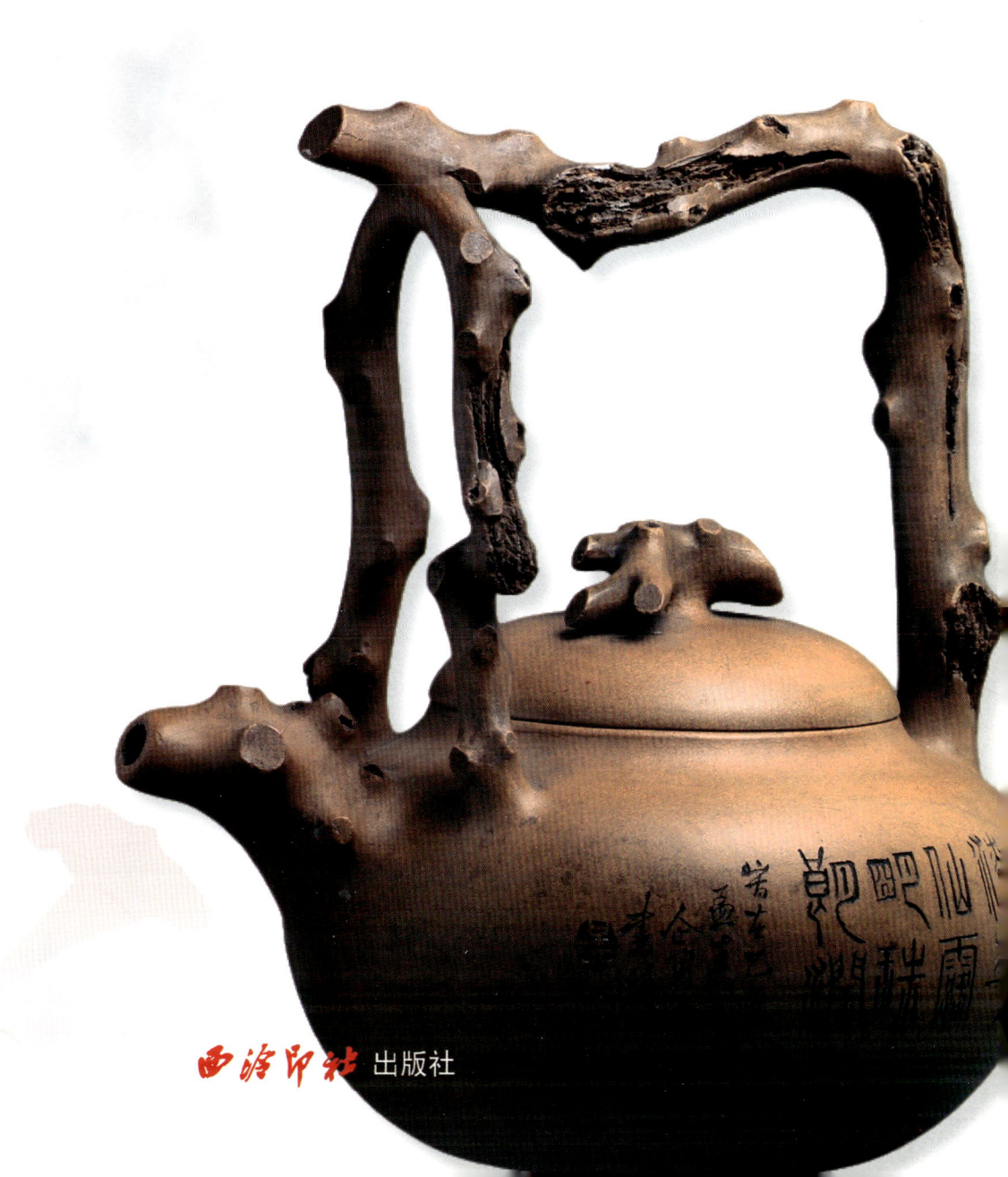

西泠印社出版社

目录 CONTENTS

/ 序
/ 紫砂永流传

第一篇章 古壶悠韵

01/ 吴经提梁壶 明 佚名制
02/ 菊花八瓣壶 明 李茂林制
03/ 如意纹盖大彬壶 明 时大彬制
04/ 六方大彬壶 明 时大彬制
05/ 虚扁 明 时大彬制
06/ 提梁壶 明 时大彬制
07/ 紫砂胎剔红山水人物执壶 明 时大彬制
08/ 特大高执壶 明 时大彬制
09/ 莲瓣僧帽壶 明 时大彬制
10/ 开光方壶 明 时大彬制
11/ 玉兰花六瓣壶 明 时大彬制
12/ 高僧帽 明 时大彬制
13/ 凤首印包壶 明 时大彬制
14/ 三瓣盉形壶 明 陈仲美制
15/ 方壶 明 陈信卿制
16/ 南瓜壶 明末清初 陈子畦制
17/ 提梁合欢 清 陈辰制
18/ 如意云纹角汉方壶 清 华凤翔制
19/ 南瓜形壶 清 陈鸣远制
20/ 四足方壶 清 陈鸣远制
21/ 蚕桑壶 清 陈鸣远制
22/ 松段 清 陈鸣远制
23/ 水仙花瓣壶 清 殷尚制
24/ 宜兴窑御题诗句烹茶图壶（一对） 清
25/ 宜兴窑御题诗句烹茶图阔底壶 清
26/ 宜兴窑御题诗句烹茶图六方壶 清
27/ 仿古井栏壶 清 杨彭年制 陈曼生铭
28/ 箬笠壶 清 杨彭年制 陈曼生铭
29/ 合欢 清 杨彭年制 陈曼生铭
30/ 石瓢提梁 清 杨彭年制 陈曼生铭
31/ 半月 清 杨彭年制 陈曼生铭
32/ 瓢提 清 陈曼生铭 郭麎书

33/ 半月瓦当壶 清 杨彭年制 陈曼生铭
34/ 半瓢 清 杨彭年制 陈曼生铭
35/ 扁壶 清 杨彭年制 陈曼生铭
36/ 小周盘 清 杨彭年制 陈曼生铭
37/ 匏瓜 清 杨彭年制 陈曼生铭
38/ 石瓢 清 杨彭年制 陈曼生铭
39/ 乳瓯壶 清 杨彭年制 祥伯铭书
40/ 掇球 清 邵大亨制
41/ 钟德壶 清 邵大亨制
42/ 八卦河图洛书龙头一捆竹 清 邵大亨制
43/ 鱼化龙 清 邵大亨制
44/ 高圈足矮蛋包 清 邵大亨制
45/ 仿古 清 嘉庆 邵大亨制
46/ 金涂塔壶 清 邓奎制
47/ 莲子大壶 清 虔荣制
48/ 三元式胆壶 清 邵友兰制 陈曼生铭
49/ 四方壶 清 申锡制
50/ 刻梅花钟形壶 清 申锡制 石梅铭
51/ 平盖莲子 清 申锡制
52/ 风卷葵 清 杨凤年制
53/ 杨氏竹段 清 杨凤年制
54/ 平盖竹段 清 杨彭年制 朱石梅铭
55/ 包锡础方壶 清 杨彭年制 朱石梅铭
56/ 中石瓢 清 杨彭年制 瞿子冶铭
57/ 掇球 清 邵友廷制
58/ 汉扁 清 邵友廷制
59/ 瓢壶 清 东石制 任伯年书
60/ 博浪椎 清 韵石制 赧翁铭
61/ 高柱础 清 韵石制 赧翁铭
62/ 隐角竹鼓 清 赵松亭制 吴月亭铭
63/ 钮鱼化龙壶 清 黄玉麟制
64/ 供春壶 清 黄玉麟制
65/ 铺砂升方壶 清 黄玉麟制
66/ 高印包 清 壶痴制
67/ 扁鼓小壶 清 惠孟臣制
68/ 柱础 清 范静安制

69/ 大掇球 清 程寿珍制
70/ 合菱壶 民国 范大生制
71/ 合梅壶 民国 范大生制
72/ 东坡提梁 民国 范大生制
73/ 大柿子壶 民国 范大生制
74/ 六方竹鼎 民国 范大生制
75/ 四方隐竹鼎 民国 范大生制
76/ 佛手 民国 范锦甫制
77/ 狮球 民国 江案卿制
78/ 葵仿古 民国 冯桂林制
79/ 五竹壶 民国 冯桂林制
80/ 合桃壶 民国 汪宝根制
81/ 大传炉 民国 俞国良制
82/ 梅桩提梁 民国 范占制
83/ 小品壶 民国 蒋燕亭制
84/ 如意莲花 近现代 范正根制
85/ 五蝠蟠桃壶 近现代 裴石民制
86/ 提梁孤菱壶 近现代 吴云根制
87/ 半菊 近现代 王寅春制
88/ 竹段松梅壶 近现代 竹可心制
89/ 大梅花茶具 近现代 顾景舟制
90/ 提璧壶 近现代 顾景舟制
91/ 鹧鸪壶 近现代 顾景舟制
92/ 莲花茶具 近现代 蒋蓉制
93/ 九头南瓜提梁壶 近现代 汪寅仙制

第二篇章 大师名作

国家级大师

95/ 双色提均壶 徐汉棠制
97/ 灵豹壶 徐秀棠制
99/ 海之恋五件套组 吕尧臣制
101/ 颂红舟 李昌鸿制
103/ 紫玉琮韵壶 鲍志强制
105/ 高风亮节 顾绍培制

107/ 天涯共此时壶 曹亚麟制
109/ 松峰云壑双耳对瓶 毛国强制
111/ 相敬如宾·琴瑟相谐 吴鸣制
113/ 一路繁花 季益顺制
115/ 仿古壶 何道洪制
117/ 竹海提梁壶 曹婉芬制
119/ 雅竹提梁 张红华制
121/ 花生壶 范永良制
123/ 佛手石漂壶 陈国良制
125/ 君子念间组壶 陈建平制
127/ 二泉映月 储集泉制
129/ 骏程万里·风 九件套 吕俊杰制
131/ 风姿 葛军制
133/ 四君子系列壶 王亚平制
135/ 莲莲蹲高 华健制
137/ 相见欢·对语 谢强制
139/ 太极壶 王潇笠制

省级大师

141/ 松鼠葡萄壶 倪顺生制
142/ 方圆乾坤 沈遽华制
143/ 红豆紫杉茶具 高丽君制
144/ 浪花提梁 何挺初制
145/ 国玺龙壶 程辉制
146/ 东坡提梁壶 范洪泉制
147/ 博雅九件套组 储立之制
148/ 金玉满堂壶 顾治培制
149/ 直把寿仙壶 韦钟云制
150/ 泉流琴声 杨勤芳制
151/ 祥和提梁壶 王国祥制
152/ 雄风壶 吴培林制
153/ 选堂养心壶 邵顺生制
154/ 阳羡风骨壶 汤鸣皋制
155/ 百果丰收壶 高建芳制
156/ 物厚子盛 孙伯春制
157/ 望子成龙 朱建伟制

158/ 紫玉壶 刘建平制
159/ 雅竹提梁 高湘君制
160/ 裙峰 沈建强制
161/ 百虎献瑞·紫砂壶组 蒋新安制
162/ 八节提梁壶 胡永成制
163/ 和鸣 鲍利安制
164/ 富贵盘长 谈跃伟制
165/ 鸣远 胡洪明制
166/ 年轮壶 张正中制
167/ 事事如意 许艳春制
168/ 紫君六方壶 庄玉林制
169/ 月光曲九件套 桑黎兵制
170/ 竹韵梅馨茶具 范建军制
171/ 大成壶 尹祥明制
172/ 苞 顾美群制
173/ 坤灵套具 李霓制
174/ 相融之二 牟锦芬制
175/ 谏果壶 吴淑英制
176/ 惜福壶 范建华制
177/ 守拙壶 陆虹炜制
178/ 葫芦提梁壶 夏淑君制
179/ 问鼎 范伟群制
180/ 太白樽壶 张海平制
181/ 清风 史小明制
182/ 雀提壶 施小马制
183/ 树桩蜂窝系列（第二代） 王小龙制
184/ 鸣晨 束旦生制
185/ 首富组壶 曹燕萍制
186/ 居竹茶具 吴亚亦制
187/ 一帆风顺壶 强德俊制
188/ 鱼化龙九件套 陈洪平制
189/ 恋尘 蒋才源制
190/ 琼智壶 李玮制
191/ 似水 蒋雍君制
192/ 叶间壶 陆君制
193/ 一片竹 喻小芳制

194/ 太平清宴文房组合 蒋琰滨制
195/ 金瓜壶 范黎明制
196/ 亦醉壶 潘跃明制
197/ 隽宏提梁 毛子健制
198/ 俏色含香 赵曦鹏制
199/ 禅墩·唯想 范泽锋制
200/ 锦绣如意套壶 顾婷制
201/ 三足熙圆 吴奇敏制
202/ 花团锦簇 范永军制
203/ 雅坤 范友良制
204/ 吉直壶 范小君制
205/ 汉风提梁壶 何卫枫制
206/ 田园闲趣 顾云峰制

第三篇章 文人陶语

209/ 福 顾晓彬制 孙晓云书 于雷刻绘
210/ 明炉 范国勤制 朱关田书 于雷刻绘
211/ 汉铎 钱泽云制 吴山明书 于雷刻绘
212/ 大彬圈钮 顾晓彬制 刘江书 于雷刻绘
213/ 松报春 顾晓彬制 孙晓云书 于雷刻绘
214/ 丁卯 顾晓彬制 吴山明书 于雷刻绘
215/ 汉瓦 范国勤制 肖峰书 于雷刻绘
216/ 平盖石瓢 范国勤制 苏士澍书 于雷刻绘
217/ 满瓢壶 顾晓彬制 苏士澍书 于雷刻绘
218/ 井栏 顾晓彬制 苏士澍书 于雷刻绘
219/ 瓦当 顾晓彬制 朱关田书 于雷刻绘
220/ 长四方 范国勤制 何水法书 于雷刻绘
221/ 汉铎 范国勤制 孙晓云书 于雷刻绘
222/ 竹报春 顾晓彬制 孙晓云书 于雷刻绘
223/ 大彬圈钮 顾晓彬制 朱关田书 于雷刻绘
224/ 汉君 顾晓彬制 孙晓云书 于雷刻绘
225/ 亚明四方 顾晓彬制 孙晓云书 于雷刻绘
226/ 三足如意 顾晓彬制 肖峰书 于雷刻绘
227/ 狮球 顾晓彬制 陈振濂书 于雷刻绘
228/ 柱础 顾晓彬制 吴山明书 于雷刻绘

229/ 六方扁玉 范国勤制 何水法书 于雷刻绘
230/ 子冶石瓢 嘉雨制 吕国璋书 于雷刻绘
231/ 汉方 顾晓彬制 高法根书 于雷刻绘
232/ 福临八方 顾晓彬制 刘江书 于雷刻绘
233/ 汉方 顾晓彬制 陈振濂书 于雷刻绘
234/ 梅报春 顾晓彬制 孙晓云书 于雷刻绘
235/ 汉方 顾晓彬制 鲍贤伦书 于雷刻绘
236/ 井栏 顾晓彬制 刘江书 于雷刻绘
237/ 汉铎 范国勤制 苏士澍书 于雷刻绘
238/ 鲍尊 范国勤制 梁平波书 于雷刻绘
239/ 亚明四方 顾晓彬制 梁平波书 于雷刻绘
240/ 福临八方 顾晓彬制 吴山明书 于雷刻绘
241/ 汉铎 范国勤制 余晖书 于雷刻绘
242/ 大彬圈钮 范国勤制 肖峰书 于雷刻绘
243/ 牛盖宝象 顾晓彬制 余晖绘 于雷刻绘
244/ 井栏 顾晓彬制 潘公凯绘 于雷刻绘
245/ 鲍尊 范国勤制 肖峰书 于雷刻绘
246/ 三足乳丁 顾晓彬制 吕国璋书 于雷刻绘
247/ 牛盖 顾晓彬制 高法根书 于雷刻绘
248/ 井栏 顾晓彬制 吕国璋书 于雷刻绘
249/ 如意套组 顾晓彬制 孙晓云书 于雷刻绘
250/ 鲍尊 范国勤制 刘江书 于雷刻绘
251/ 秦权 范国勤制 孙晓云书 于雷刻绘
252/ 景舟石瓢 嘉雨制 吕国璋书 于雷刻绘
253/ 福临八方 顾晓彬制 余晖书绘 于雷刻绘
254/ 苹果壶 顾晓彬制 余晖书 于雷刻绘
255/ 六方玉立 范国勤制 王冬龄书 于雷刻绘
256/ 汉方 钱泽云制 吴山明书绘 于雷刻绘
257/ 六方葵面 范国勤制 王冬龄书 于雷刻绘
258/ 六方潘壶 范国勤制 王冬龄书 于雷刻绘
259/ 长乐六方 范国勤制 陈振濂书 于雷刻绘
260/ 长乐六方 范国勤制 余晖绘 于雷刻绘
261/ 平盖石瓢 范国勤制 苏士澍书 于雷刻绘
262/ 掇只 范国勤制 陈振濂书 于雷刻绘
263/ 高方 顾晓彬制 苏士澍书 于雷刻绘
264/ 子冶石瓢 钱泽君制 吕国璋书 于雷刻绘
265/ 景州石瓢 钱泽君制 吕国璋书 于雷刻绘

第四篇章 附 录

267/ 悠远的宜兴制陶历史
269/ 宜兴紫砂陶的艺术源流
271/ 宜兴紫砂陶的技术沿革
272/ 阳羡茶 宜兴壶
274/ 与宜兴紫砂陶文化相关的诗辞歌赋
282/ 后记

封面图片

东坡提梁 民国 范大生制
荣获1926年美国费城万国博览会金奖
入选2023年5月21日联合国"国际茶日"纪念邮票

封底图片

无相壶 当代 范伟群制
入选2023年5月21日联合国"国际茶日"纪念邮票

序

陶韵承载千年，文化开创未来。宜兴是中国的陶都，陶文化是宜兴最具特征的文化，宜兴紫砂是宜兴最亮丽的名片。中国陶都，陶醉世界。

驰名中外的宜兴紫砂，发端于宋代，勃兴于明清，鼎盛于当代。

上苍赐予宜兴独有的五色土，色泽温润，质地优良，可塑性强。我国七千多年的制陶史，窑火熊熊不熄，文化脉络绵延，滋润着陶业人员制陶技艺的日臻完美，成就了宜兴紫砂卓尔不群的制陶技术。其装饰手法变幻无穷，造型具象丰富多彩，紫砂门类品种繁多。

陶艺苑中，尤以紫砂壶最为艳丽，独一无二的泥质矿料，古朴典雅的造型，精美绝伦的装饰，丰富多彩的人文元素，历来为文人墨客所追捧，也为众多的玩家和品茗者提供了无限的审美空间，在中国乃至世界陶瓷艺术中独树一帜，是中华民族传统文化中一颗璀璨的明珠。

"人间珠玉安足取，岂如阳羡溪头一丸土。""喜共紫瓯吟且酌，羡君潇洒有余清。"山明水秀的陶都宜兴，人杰地灵，水土宜陶；勤劳聪慧的陶都人民，巧夺天工，因陶而兴。

内涵丰沛的紫玉金砂，宜茶、宜玩、宜赏，不断推陈出新，传承的是生生不息的制陶文明，弘扬着的是源远流长的中华文化。

宜兴紫砂史是一部历代紫砂艺人的创业史，在宜兴紫砂的历史发展中，曾涌现出一大批紫砂名家，耳熟能详的如明代中晚期的时大彬，清初期的陈鸣远，清中期的陈曼生，民国时期的范大生、程寿珍、汪宝根、冯桂林、俞国良，新中国成立后的"七大老艺人"：任淦庭、吴云根、裴石民、王寅春、朱可心、顾景舟、蒋蓉等，现代紫砂艺苑，更是名人辈出，群星闪耀，到目前为止，国家级大师已近30位、省级大师已近百位，恕不一一列出。

改革开放特别是新千年以来，陶瓷艺术的长足发展，宜兴紫砂已成为宜兴艺术陶瓷门类中的佼佼者，在国内外艺术品市场赢得了声誉，彰显了紫砂艺术的不竭魅力。宜兴紫砂要高质量发展，守正创新是永恒的主题，根本在紫砂人才的培育、壮大。紫砂队伍是推动宜兴紫砂传承发展的主体，也是宜兴紫砂永续辉煌的关键所在。

在推动宜兴紫砂高质量发展的背景下，陶瓷行业协会偕同西泠印社出版社共同编纂出版《中国紫砂名壶》尚属首次，意义非凡。纵观全书，规模宏大，体例规整，内容厚重，图文并茂，编审严谨，具有较高的史料和收藏价值。在此，我谨代表行业协会和业界人士对西泠印社出版社和参与本书编辑的所有人员表示诚挚的感谢！

中国陶瓷工业协会副理事长
中国艺术研究院紫砂研究院名誉院长
江苏省陶瓷行业协会名誉会长
宜兴市陶瓷行业协会会长

2023 年 5 月

紫砂永流传

紫砂器皿乃宜兴特产。明代以后，紫砂工艺逐步完善，紫砂生产记录有据可查，器皿实物流传至今，紫砂生产中有突出贡献的制作名师不断涌现。紫砂的一个重要产品就是茶壶，因为饮茶在中国极为普遍，茶壶需求量很大。伴随着文人雅士的加入，饮茶赏壶成为一种爱好。茶壶也从功能器具上升为赏玩器具、收藏品，这促使茶壶制造工艺不断发展。随着工艺的不断发展，产生了很多技艺高超的制壶师傅。从明代开始，一些技艺高超的制壶师傅不断地出现，他们制作的精良茶壶也成了那个时代追捧的产品，并传之后世，进入收藏品行列。

在紫砂壶的制作历史上，清代嘉庆年间陈鸿寿的介入，绝对是划时代的大事。陈鸿寿（1768—1822），号曼生，"西泠八家"之一，擅长古文辞，精于雕琢，以书法篆刻成名，其文学、书画、篆刻样样精通。嘉庆二十一年（1816）左右，陈曼生任溧阳县宰，邻近宜兴。他利用工作之便利，自绘紫砂壶十八图样，委托杨彭年及其弟妹并邵二泉等制壶，自在壶上刻铭，称"曼生壶"。因工艺精良，遂成一品牌。清代文人陈曼生介入茶壶制作，是典型的文化人对茶壶的思考，曼生十八式开始流行社会，也影响到当代，开启了人们对茶壶的新定位。由此紫砂壶从功能器具和赏玩工艺品，上升到艺术收藏的高度。

欣逢盛世，遇友人爱好紫砂名壶，为使此事流传后世，特选编部分名家紫砂作品，集结成册，通过书籍记录的方式，让我们这个时代的精美工艺品可以有籍可查。通过此书，让这些紫砂工艺制作师的名字，可以被历史记住，也让紫砂的原始资料得以保存。

汪傅智

艺术顾问

史俊棠

1950年生，江苏省宜兴人。中共党员，经济师职称。曾任宜兴紫砂工艺二厂厂长，宜兴市丁蜀镇镇长，宜兴市计经委副主任兼任宜兴市市属工业局局长、宜兴市经贸局副局长，宜兴陶瓷公司党委副书记、副总经理。

现任宜兴市陶瓷行业协会会长、江苏省陶瓷行业协会名誉会长，中国陶瓷工业协会副理事长，中国工艺美术学会紫砂专委会名誉主任，中国艺术研究院紫砂研究院名誉院长，江南大学紫砂艺术设计研究院名誉院长，宜兴市陶都中专顾景舟艺术院名誉院长，《江苏陶艺》《宜兴紫砂》杂志编委主任。

马 达

1949年10月出生，中共党员。中国工艺美术学会专家委员会副主任委员，江苏省工艺美术学会名誉会长，江苏省工艺美术行业协会名誉会长，江苏省工艺美术专业技术职称评委会主任委员，《江苏工艺美术》杂志主编，苏州工艺美术职业技术学院、南京大学人文学院特聘教授。曾任江苏省工艺美术总公司总经理，中国工艺美术学会第二、三届理事会副理事长，中国工艺美术协会副理事长，第七、八届中国工艺美术大师评选工作专家委员会委员。

本书编者

范伟群

1970年1月生，江苏宜兴人，大生壶艺传人。1985年9月参加工作，中国地质大学艺术设计专业毕业，本科学历，正高级工艺美术师。现任宜兴范家壶庄陶瓷艺术品有限公司总工艺师、宜兴市丁蜀镇西望紫砂陶瓷专业合作社理事长。江苏省非物质文化遗产代表性传承人。先后荣获、全国轻工行业劳动模范、全国农村青年致富带头人、首届"江苏工匠"、江苏省工艺美术大师、国务院政府特殊津贴专家、江苏省有突出贡献的中青年专家、江苏省乡土人才"三带"名人、陶都宜兴十佳青年陶艺家、领军型乡土人才等荣誉称号。

汪传智

浙江开化县人，毕业于浙江大学，硕士学历，《画印西泠》总编，编辑出版四十八本书画书籍。

古壶悠韵

陶钧作太古 壶中悠韵长

第一篇章

吴经提梁壶

明 嘉靖
佚名
高 177mm 口径 70mm
南京市博物馆藏

　　此壶为紫砂史上有确切纪年科考的文物，1966年出土于南京中华门外马家山油坊桥明代司礼太监吴经墓，墓葬年份为嘉靖二十三年（1544），此壶容量较大，胎质外表颜色深浅不一，圆腹壶身、三弯流、平底、宫灯钮，壶盖内附着十字泥条，起支口之用。此壶的出土，对考证和研究明代紫砂器的制作、烧成、用途具有范本作用。

　　吴经生于成化辛卯（1471）闰九月七日，卒于嘉靖甲辰（1544）正月十又九日。江西余干人，从小就被选入宫做太监，武宗时期递升御用监太监，镇守山西。御用监作为十二监之一，掌造办宫廷所用围屏、床榻诸木器，以及紫檀、象牙、乌木、螺钿等玩器。

菊花八瓣壶

明 万历
李茂林制
高 90mm 宽 115mm
底刻款：李茂林造。
香港茶具文物馆藏

　　菊花八瓣壶，壶身呈菊花坛状，此壶圆腹、截盖，阴阳线条从壶钮到壶盖，过渡到壶身。壶脚，刚柔相济，挺拔端庄。俯视之犹如一朵盛开的秋菊，生机盎然，是紫砂壶早期筋纹器类型的佳作。

　　李茂林，字养心，是明代紫砂壶制作步入成熟时期的一位名家，以朴致敦古、善制小壶闻名于世。"另作瓦囊，闭入陶穴"，是李茂林的一大贡献，使紫砂壶的制作向前跨进了一大步。这里所说的"瓦囊"，就是指烧壶时用的匣体。在李氏创造匣钵前，紫砂壶坯烧制时不装入匣钵，与缸罐混放入窑烧制，成品不免粘上缸坛釉泪，影响美观。自有匣钵以后，壶坯置于匣钵内烧制，不再与瓦罐陶缸直接接触。壶坯烧制时受到保护，从此不再沾染釉泪、釉斑，使紫砂壶的制作水平提高了一大步。

如意纹盖大彬壶

明 崇祯
时大彬制
高 113mm 口径 84mm
把梢下刻款：大彬。
无锡博物院藏

　　此壶取象于"三足鼎立"之意，圆腹壶身，圆珠钮，壶盖上装饰四瓣如意纹饰，三弯壶嘴，三足有力，此件大彬壶，气势恢宏，古朴雅致，圆正稳匀，是紫砂圆器的佳作，体现了大彬壶的风格特征。此壶1984年无锡甘露华师伊墓出土，对研究大彬壶具有十分重要意义。

　　1994年中国邮电部发行《宜兴紫砂陶》特种邮票一套四枚，此壶是其中之一。

　　时大彬，生卒年不详，明万历至明晚期的壶艺大家，他对紫砂陶的泥料配制、成型技法、造型设计与铭刻，都有研究，确立了至今仍为紫砂业沿袭的用泥片和镶接凭空成型的高难度技术体系。他精选紫砂泥调配成各种泥色，用以制品，形成古朴雄浑的风格。他的早期作品多模仿供春大壶，后根据文人饮茶习尚改制小壶，并落款制作年月，被推崇为壶艺正宗。

六方大彬壶

明 万历
时大彬制
高 110mm 口径 57mm
底刻款：大彬。
扬州博物馆藏

  此壶壶身呈六方状，上大下小，壶盖为圆形，圆锥钮、三弯方嘴，方耳把，此壶采用六片泥片镶接而成，这也是传承至今紫砂方壶传统制作技艺之法。此壶1968年在扬州江都丁沟出土，壶底刻款"大彬"。

虚扁

明
时大彬制
高 62mm　口径 98mm
底刻款：源远堂藏，大彬制。
上海博物馆藏

　　此壶呈扁圆宫灯形，腹径宽大，壶嘴、壶把与壶身相接，线条流畅，壶钮为扁圆珠状，泥质调砂而成，配比恰当，肌理质感强烈，整件作品凝重端庄，气宇轩昂。"造型扁一分，成型难一分"足见当时大彬制壶技艺水平之高超。

提梁壶

明
时大彬制
高 205mm 口径 94mm
子口刻款：大彬。
刻印：天香阁
南京博物院藏

　　此壶身呈半圆球状，壶钮浑似六方宫灯，六棱三弯壶嘴，扁方半圆提梁，泥质调砂，似夜幕中点点繁星，整件作品稳健敦厚，舒展大方。壶盖支口外侧铭刻"大彬"二字，盖阳文篆体"天香阁"方印。

紫砂胎剔红山水人物执壶

明 万历
时大彬制
高 130mm 口径 78mm
故宫博物院藏

  此壶是紫砂工艺与漆器工艺相结合的一件完美作品，为宫廷用具。此壶呈四方形，圆盖、三弯四方嘴，方耳把与扬州博物馆藏六方壶形似。壶体四面开光，通体髹红漆，壶盖钮雕刻莲花状、壶肩部雕刻吉祥纹，壶正反面分别刻松荫品茗山水人物图案，壶底漆下现描红"时大彬"三字楷书。

特大高执壶

明 万历
时大彬制
高 270mm 口径 135mm
壶身铭：江上清风，山中明月。丁丑年，大彬。
故宫博物院藏

　　此壶造型圆润，古朴端庄，壶钮采用镂空装饰，与硕大的壶体形成虚实的强烈对比，壶盖面顶端铺设如意纹，三弯嘴、圆耳把，壶颈部口线严密，整件作品比例协调，线条流畅，表现出制作者壶艺的精湛。壶身铭刻"江上清风，山中明月"，增添作品的艺术气息。

莲瓣僧帽壶

明 万历

高 93mm 宽 94mm

底刻款：万历丁酉年，时大彬制。

香港茶具文物馆藏

　　僧帽壶采用六方造型，由六片紫砂泥片镶接而成，壶身上下收敛，壶腹圆鼓可见弧度。壶的顶端口沿处，立有五瓣莲花，如帽檐，壶钮为佛球状，壶盖面呈六方，远望之，犹如一顶僧帽。再加上壶的嘴和柄的造型奇特，整体给人以刚健挺拔、神韵自若之感，因而为世人称绝。

开光方壶

明
时大彬制
高 114mm 宽 77mm
底刻款：时大彬制于三友居。
香港茶具文物馆藏

　　此壶呈四方形,四方束直壶颈,浑四方竖钮,四方压盖,方嘴方把,壶身四面浑方开光,光素无纹。整件作品，饱满大气，气韵优雅，创作者将直线与弧线互相配合，创造了优雅而悦目的造型。壶底刻有"时大彬制于三友居"八字楷书款。

玉兰花六瓣壶

明 万历

时大彬制

高 80mm 宽 121mm

底刻款：万历丁酉春，时大彬制。

香港茶具文物馆藏

  此壶取象于玉兰花，从壶的盖钮开始，整朵花慢慢由壶盖向壶颈、壶身及壶足展开。壶嘴的把仿花茎塑造，壶底的部分也呼应壶身呈六瓣形。上下合一，阴阳相融，明暗相接，为明代筋纹紫砂壶代表之作。

高僧帽

明 万历
时大彬制
高 100mm 口径 63mm
底刻款：丛桂山馆，大彬。
唐云藏

"僧帽"，顾名思义是僧人头上带的帽子。僧帽壶壶身为六边形，壶身口沿处延伸出五瓣莲花，壶盖呈正六边形，边缘隐现于花瓣之中，其造型之奇，让人拍手称绝。此壶棱角突起，线条流畅，口盖紧密，分毫不差，结构严谨，形制古朴，壶底刻有"丛桂山馆大彬"六字楷书款。

凤首印包壶

明 万历
时大彬制
高 70mm 口径：横 45mm 纵 34mm
底刻款：万历丙申时大彬制。
唐云藏

　　此壶四方造型，呈一枚方印，紫泥调砂制作而成，壶钮呈包袱状花结，壶盖面布纹褶皱延伸至壶身，凤嘴龙把，整件作品，刚柔相济，对称均衡，韵致怡人，龙凤呈祥，官运蕴藏。

三瓣盉形壶

明
陈仲美制
高 110mm 口径 43mm
底刻款：陈仲美。
香港中文大学文物馆藏

  盉是中国古代盛酒器，是古人调和酒、水的器具，用水来调和酒味的浓淡。创作者取象于古铜器中"盉"的造型，此壶身、壶盖被阴阳线三等分，壶身与壶盖线条自然顺畅，壶嘴与壶把搭配协调，三足修长。整件作品刚柔相济，古拙自然，韵味十足，可见创作者匠心独运，紫砂技艺之娴熟。

  陈仲美，明季人，周高起《阳羡茗壶系》为之作传，谓其原为江西婺源人，因为景德镇业瓷者多，难以成名，于是赴宜兴造壶，"好配壶土，意造诸玩"，可惜"心思殚竭，以夭天年"。

方壶

明
陈信卿制
高 105mm 口径 50mm
底刻款：翠竹轩，信卿。
香港中文大学文物馆藏

  此壶呈四方圆角造型，壶身四面开光，束颈四方盖，壶盖面塑四瓣柿蒂，浑四方柱钮，四方圈足，三弯四方嘴，四方耳把。整件作品，结构合理，口盖严密，形体端庄，线面流畅，敦实厚重。

  陈信卿（1582—1641），以善仿时大彬、李仲芳知名于时。周高起《阳羡茗壶系》为信卿作传，列入"雅流"，评其作品"坚瘦工整，雅自不群"。

南瓜壶

明末清初
陈子畦制
高 82mm 口径 26mm
把下印：陈子畦
香港中文大学文物馆藏

  此壶呈八瓣南瓜状，瓜蒂为壶钮，瓜藤分叉为把，瓜叶卷曲成壶流，壶身叶茂舒展，且有蛀孔，尽显田园自然，情趣生动，足见艺术源于生活，高于生活之美感。

  陈子畦（1625—1690），明末清初人，其小传初见载于吴骞《阳羡名陶录》："仿徐最佳，为时所珍，或云即鸣远父。"据清宣统三年（1911）敦本堂《川埠陈氏宗谱》载，陈子畦与陈鸣远均为明清川埠陈氏紫砂艺人，陈子畦为第十二世，陈鸣远为第十一世。

提梁合欢

清
陈辰制
高 120mm 口径 71mm
底印：共之 盖印：陈制
壶身铭：合欢当酒，庚戌西庐。
唐云藏

　　此壶紫泥制作，造型别致，壶身中间塑两条圆线上下对称呈合状，圆底，鼓腹，敛口，给人一种虚怀若谷之感。提梁作山之形，弧度高起，空旷舒展，提梁到壶嘴的曲线过渡自然。整件作品创作新颖，意味盎然。

　　陈辰，字共之，清康熙年间人，生卒年不详。工书法篆刻，专事代陶工镌刻书铭，誉称陶之中书君。周高起《阳羡茗壶系·别派》载："陈辰，字共之。工镌壶款，近人多假手焉，亦陶家之中书君也。"

如意云纹角汉方壶

清 康熙
华凤翔制
高 227mm 口径 97mm
底印：荆溪华凤翔制
香港中文大学文物馆藏

　　汉方壶是华凤翔的代表作，此壶比较硕大，呈四方形，壶盖面与壶身下端均以如意云纹装饰，矮颈桥钮，浑四方嘴把。此作端庄肃穆，气势大度，是方器中经典之佳作。

　　华凤翔是清康熙至雍正年间人，所制壶精雅而不失古朴风味，善仿古，所制仿汉方壶精美绝佳，多上均釉，巧妙而不纤，工而能朴，款识以方章"荆溪华凤翔制"落之。

南瓜形壶

清 乾隆
陈鸣远制
高 105mm 口径 33mm
印：陈鸣远
壶身铭：仿得东陵式，盛来雪乳香。鸣远。
南京博物院藏

　　此壶身似南瓜状，瓜蒂为壶盖，藤蔓为壶把，瓜叶卷曲成壶嘴，壶身上刻"仿得东陵式，盛来雪乳香。鸣远"并钤阳文篆书"陈鸣远"方印一枚。"东陵"源自东陵侯召平在长安东郊种瓜的典故，"雪乳香"是来比喻用东陵式瓜壶泡茶的寓意。此件作品构思精巧、形象鲜活、富有自然生活气息。在满足了基本的泡茶功用之外还增添了不少别致的情趣。

　　陈鸣远，号鹤峰，一号石霞山人，又号壶隐，宜兴上袁村人。清康熙年间宜兴紫砂名家艺人。在历来宜兴陶人当中，陈鸣远的陶艺品位独占鳌头，作品迭翻新样，却又古韵盎然，可谓融古铸新，兼备制作光素、筋纹及花货三类造型的技能于一身，尤其善制自然型茶具、文房雅器，创作灵感取自江南田园，其象生作品风格自然写实，几可乱真却又极富巧思，堪称塑镂兼长、技艺超群的全能陶艺大家，开创了清代壶艺文丽工巧的风格。

四足方壶

清 乾隆
陈鸣远制
高 103rnm 口径 67mm
印：陈鸣远
壶身铭：且饮且读，不过满腹。为禹同道兄，远。
上海博物馆藏

　　听闻鸣远传四方，赏观壶颜泛灵光。世事流转越时空，智圆形方岁月长。
　　此壶呈浑四方形，造型敦厚，稳健端庄，线条圆润，饱满流畅，灵动的气势中通过开合、收放、张弛、呼应的轮廓结构抒发作者的创作情感，既继承明代器物造型朴雅大方的遗风，又开新局，使作品从形式到形态超尘脱俗、别具一格。
　　1994 年中国邮电部发行《宜兴紫砂陶》特种邮票一套四枚，此壶是其中之一。

蚕桑壶

清 乾隆
陈鸣远制
高 67mm 口径 48mm
底印：陈鸣远制
香港中文大学文物馆藏

　　此壶造型扁圆折腹，壶上端面雕塑成蚕虫啃食桑叶的自然情景，多条蚕虫蠕动于布满大小孔洞、仰覆不一的桑叶间。壶腹下部保留素面，壶盖做成一片带有桑葚的桑叶，上卧一条全蚕食小桑叶作盖钮。此外，壶流由片叶卷成，壶把做成桑枝，还有许多半露半藏的蚕虫在桑叶之中。作者以紫砂泥色的润泽质感与自然之物相得益彰，惟妙惟肖，形态十分生动，足见创作者之技艺高超。

松段

清
陈鸣远制
高 105mm 口径：横 80mm 纵 60mm
底印：陈鸣远
底刻款：鸣远。
宜兴陶瓷博物馆藏

  此壶以一截松段做壶身的仿生之作。其造型古朴自然，壶身、流、把、盖皆采用花塑器工艺精心制作成松树枝节样貌，肌理极其逼真，手感却滋润舒适，工艺之精绝美妙令人惊叹。其不规则嵌盖与壶口严丝合缝，壶钮巧取松节一段，匍匐贴合于盖首，其上松针刻画细致入微、生动形象，嘴、把更似从松干上自然生出，既有古朴典雅之神韵，又有老松苍劲老辣之勃勃生机。值得一提的是，其壶身树皮用堆泥手法刻画，层层叠叠，将古松苍老之外皮塑造得分外肖似。此壶是自然形体花货造型的佳作，不仅达到造型逼真、均衡，而且使壶充满动感活力。

水仙花瓣壶

清 乾隆
殷尚制
高 130mm 口径 59mm
底印：殷尚
南京博物院藏

  此壶属紫砂筋纹器，壶体呈水仙花状，棱线十分有力度，壶钮形似花蕾，三弯六棱长细嘴，内壁单孔，六棱细执把，盖与壶身浑然一体，壶盖作压盖式，与壶身筋纹上下对应、合缝严密，体现出制作者精巧之功。底刻"殷尚"阳文篆书印章款。

  殷尚，清代乾隆时期宜兴紫砂名匠，观其壶器，制技谨严，制作精细纤巧，运线简练流畅。

宜兴窑御题诗句烹茶图壶（一对）

清 乾隆
高 154mm 口径 50mm 足径 58mm
清宫旧藏

　　此壶为清宫旧藏，壶身高耸，直腹圆筒，圆鼓盖，圈足，壶身两面开光，一面铭刻乾隆御题诗《雨中烹茶泛卧游书室有作》：
　　溪烟山雨相空蒙，生衣独坐杨柳风。
　　竹炉茗碗泛清濑，米家书画将无同。
　　松风泻处生鱼眼，中泠三峡何须辨。
　　清香仙露沁诗脾，座间不觉芳堤转。
　　另一面堆绘庭院烹茶图：主人和来客谈兴正浓，小侍童正在亭内竹炉前摇扇煮香茗，另一侍童取琴助兴，整幅构图精致，堆绘清晰，画面层次分明，为宫廷紫砂的标准器。

宜兴窑御题诗句烹茶图阔底壶

清 乾隆
高 125mm 口径 50mm 足径 95mm
清宫旧藏

　　此壶造型别致，由造办处为清宫特制，壶身鼓腹，高束颈圆口，圆顶盖，三弯嘴，圆耳飞把，壶底圆阔。壶身腹部两面长方形委角开光：一面刻乾隆御题诗《惠山听松庵用竹炉煎茶因和明人题者韵即书王绂画卷中》，诗云："才酌中泠第一泉，惠山聊复事烹煎。品题顿置休惭昔，歌咏膻芗亦赖前。开士幽居如虎跑，舍人文笔拟龙眼。装池更喜商邱荜，法宝僧庵慎弆全。"此诗为乾隆十六年（1751）所作，只节选了诗的前半部。另一面堆绘烹茶图。
　　此壶造型独特，制作精工，为乾隆宫廷壶的另一壶式。

宜兴窑御题诗句烹茶图六方壶

清 乾隆
高 162mm 口径 42mm 足径 43mm
清宫旧藏

此壶整体造型为高耸六方形，壶肩略宽于壶足，折肩处延伸出六方短颈，与壶盖面、壶身线条吻合，六方宫灯钮，弯流方耳把，六方圈足。壶身两面委角长圆形开光，一面铭刻乾隆七年（1742）作《雨中烹茶泛卧游书室有作》七言御题诗，另一面堆绘烹茶图，内容与另一件宜兴窑御题诗对壶相似，均是造办处为清宫特制紫砂精品之作。

仿古井栏壶

清 嘉庆
杨彭年制 陈曼生铭
高 86mm 口径 79rnm
盖印：彭年
底印：阿曼陀室
壶身铭：维唐元和六年，岁次辛卯，五月甲午朔十五日戊申，沙门澄观为零陵寺造常住石井栏并石盆，永充供养。大匠储卿郭通。
南京博物院藏

此壶造型古朴、端庄、典雅，短流、圆把，平盖平底，壶身另一面铭文：
以偈赞曰：
此是南山石，将来作井栏。
留传千万代，名结佛家缘。
尽意修功德，应无朽坏年。
同霑胜福者，超于弥勒前。
　　曼生模零陵寺唐井文字为寄沤清玩。
铭文内容说明壶形乃仿唐代零陵寺井为式。底钤篆书阳文"阿曼陀室"方印，把下有篆书阳文"彭年"小方印。

　　杨彭年，字二泉，清乾隆至嘉庆年间宜兴紫砂名艺人。他善制茗壶，浑朴雅致，首创捏嘴不用模子和掇暗嘴之工艺，虽随意制成，亦有天然之致。他又善铭刻、工隶书，追求金石味。他还与当时名人雅士陈鸿寿（曼生）、瞿应绍（子冶）、朱坚（石梅）、邓奎（符生）、郭麟（祥伯、频伽）等合作镌刻书画，技艺成熟，至善尽美。世称"彭年壶""彭年曼生壶""彭年石瓢壶"，声名极盛，对后世影响颇大。

箬笠壶

清 嘉庆
杨彭年制 陈曼生铭
高 78mm 口径 32mm
把下印：彭年
底印：阿曼陀室
壶身铭：笠荫喝茶去渴，是二是一，我佛无说。曼生铭。
唐云藏

　　此壶造型仿箬笠形状，造型简朴端庄，色泽古雅，三弯流，环把，圆珠钮，嵌盖，自壶口下至肩腹上，渐下渐丰。古人云："人无精神，便如槁木；文无精神，便如死灰；壶无精神，便为俗器。"把此壶而饮，观其色，摹其形，饮其茗，闻其香，思其神，想此亦如沐其情，如临其境，悠悠然令人神往。

　　陈鸿寿（1768—1822），钱塘（今浙江杭州）人，书画家、篆刻家。字子恭，号曼生、曼龚、曼公、恭寿、翼盦、种榆仙吏、种榆仙客、夹谷亭长、老曼等。曾任赣榆代知县、溧阳知县、江南海防同知。工诗文、书画，善创制宜兴紫砂壶，人称其壶为"曼生壶"。书法长于行、草、篆、隶诸体。行书峭拔隽雅、隶书开张纵横，极富特色。篆刻师法秦汉玺印，旁涉丁敬、黄易等人，印文笔画方折，用刀大胆，自然随意，锋棱显露，古拙恣肆，苍茫浑厚。为"西泠八家"之一。有《种榆仙馆摹印》《种榆仙馆印谱》行世，并著有《种榆仙馆诗集》《桑连理馆集》。嘉庆二十一年（1816）为周春《佛尔雅》撰写序跋。

合欢

清 嘉庆
杨彭年制 陈曼生铭
高 84mm 口径 70mm
把梢印：彭年
底印：阿曼陀室
壶肩铭：试阳羡茶，煮合江水。坡仙之徒，皆大欢喜。曼生铭。
唐云藏

  此壶呈扁圆状，壶身折腰一圆线，把壶体对称等分，如两圆盘相合，则有天地之和之意。壶钮似一缩小的壶身，短曲流，圆耳把，圈足。观此壶其特征简洁、素雅、精炼，整体造型优美，气韵生动。

石瓢提梁

清 嘉庆
杨彭年制 陈曼生铭
高 110mm 口径 57mm
盖印：彭年
底印：阿曼陀室
壶身铭：煮白石，泛绿云，一瓢细酌邀桐君。曼铭。
唐云藏

  此石瓢壶身浑朴厚拙，壶底有三足支撑，给人有一种悬空而稳重之感。提梁较粗，造型很别致，作半圆形，与壶身相称，整体构思细密。盖印"彭年"，底印"阿曼陀室"。铭文："煮白石，泛绿云，一瓢细酌邀桐君。曼铭。"佳句妙题与茶的温馨氤氲成浓郁的陶然境地，不仅反映出文人雅士的行为指向，而且给人以精神和物质的双重感受。

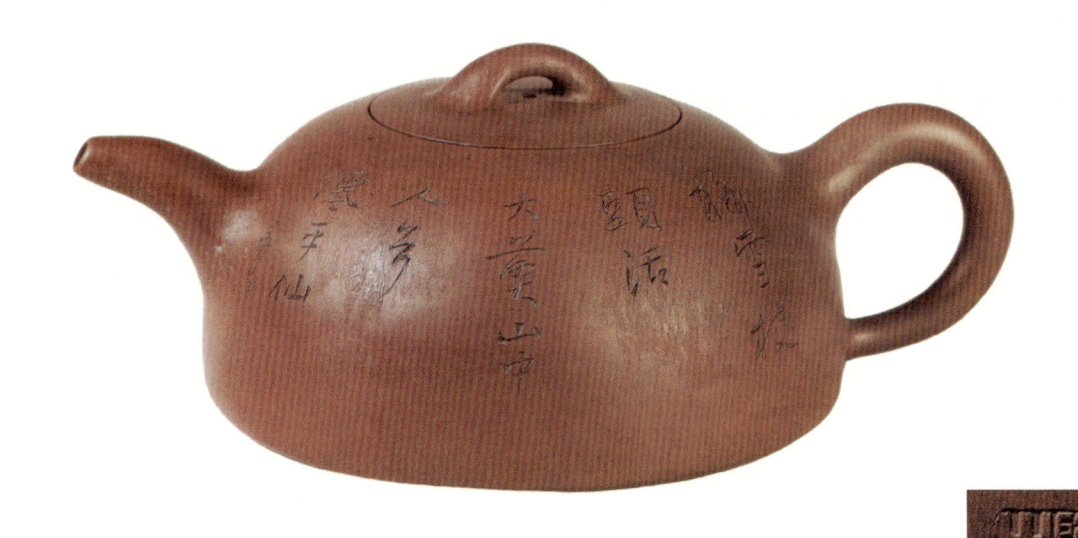

半月

清 嘉庆

杨彭年制 陈曼生铭

高 72mm 口径 61mm

盖印：彭年

底印：陈曼生制

壶身铭：梅雪枝头活火煎，山中人兮仙乎仙。曼生。

南京博物院藏

  此壶如半月形，底阔圈足，弯流耳把，过桥钮，嵌盖。壶整体显古朴沉稳之气，曼生制此半月壶，以壶寓意，全则半，半则全，欲求十全十美反而不及，无为而为，极富人生处世之哲理。

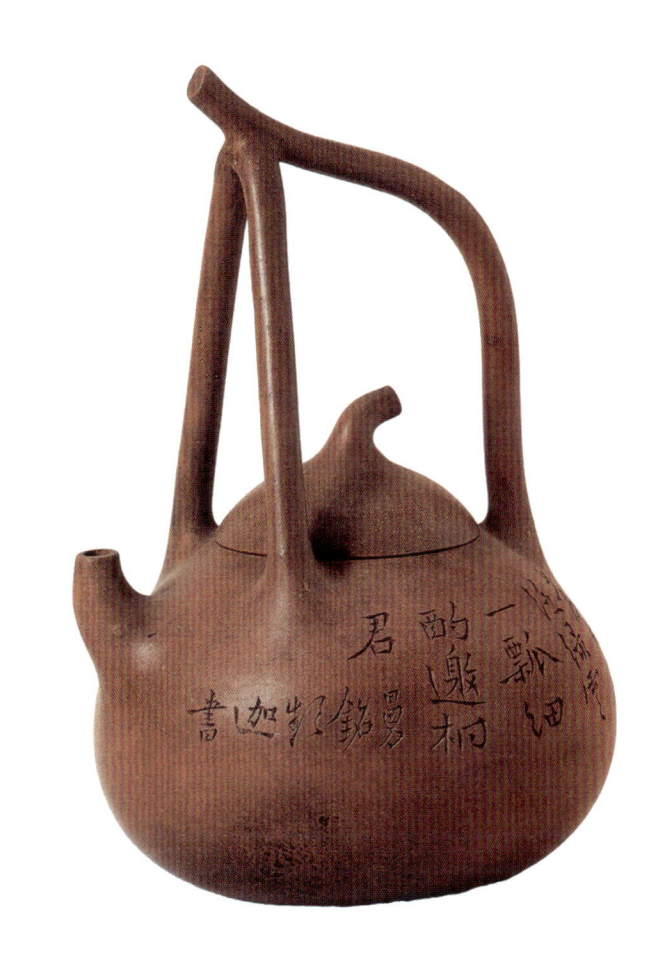

瓢提

清 嘉庆
陈曼生铭 郭麐书
高 183mm 口径 67mm
壹身铭：煮白石，泛绿云，一瓢细酌邀桐君。曼铭，频迦书。
上海博物馆藏

此壶是瓢形和东坡提梁形的结合，经过壶艺家的提炼和重铸，使瓢瓜和提梁有了新的形式，造型新颖，别有一番风韵。陈曼生一众文人参与紫砂创作，使紫砂壶与诗、书、画、印合为一体，将紫砂壶艺导入另一境地。诗书画与壶艺相结合，共同构成"曼生壶"的意境，两者缺一不可。这就是"曼生壶"的魅力所在。

半月瓦当壶

清 嘉庆
杨彭年制 陈曼生铭
高 74mm 口径 43mm
把梢印：彭年
底印：阿曼陀室
壶身铭：不求其全，乃能延年，饮之甘泉。曼生铭。
上海博物馆藏

秦砖汉瓦为名贵之古玩，清代中叶以来犹受文人推崇，多有名家高手制作瓦当壶式。此壶是作半月瓦当状，取古意创新意，构思巧妙，壶身一面篆书阳文"延年"，另一面铭刻"不求其全，乃能延年，饮之甘泉。曼生铭"。壶嵌盖、过桥壶钮和壶身浑然一体，线条分明，做工精细，古韵盎然。紫砂壶简洁大方、纯真无华、凝重朴净的个性尽显其中，完美体现了曼生壶的精髓。

半瓢

清 嘉庆
杨彭年制 陈曼生铭
高 72mm 口径 66mm
把梢印：彭年
底印：阿曼陀室
壶身铭：曼公督造茗壶，弟四千六百十四。为摩泉清玩。
上海博物馆藏

  此壶整体平滑光亮，腹底大，呈半瓢状。 盖及盖钮与腹呈相似弧形。嘴短而直，近嘴处稍曲向上。柄向外回转呈倒耳状，此壶典雅古朴，造型朴拙，制作精工。

扁壶

清 嘉庆
杨彭年制 陈曼生铭
高 67mm 口径 71mm
把梢印：彭年
底印：阿曼陀室
壶肩铭：有扁斯石，砭我之渴。曼公作扁壶铭。
唐云藏

  此壶扁圆状，平盖、桥钮、圈足，壶身中段较宽，上下均对称，壶身铭文："有扁斯石，砭我之渴。曼公作扁壶铭。"曼生壶，乃文人壶之典范，是传递文人的文学诗词的载体，曼生以壶为书，载其所学，将紫砂艺术与文学价值珠联璧合，堪称一绝。

小周盘

清
杨彭年制 陈曼生铭
高 37mm 口径 58mm
把梢印：彭年
底印：香蘅
壶肩铭：吾爱吾鼎，强食强饮。曼生作乳鼎铭。
上海博物馆藏

　　此壶以青铜器铜盘状为壶身，壶盖形似铜镜，壶底装有乳钉状三足，坡颈平口，平盖扁钮，直流耳把。整件作品温润细腻，工艺精湛，圆润而不失刚劲，有形而意无穷，遒劲中出媚姿，纵横中见青铜遗韵。
壶肩铭文："吾爱吾鼎，强食强饮。曼生作乳鼎铭。"

匏瓜

清 嘉庆
杨彭年制 陈曼生铭
高 90mm 口径 63mm
把下印：彭年
底印：阿曼陀室
壶身铭：饮之吉，匏瓜无匹。曼生铭。
唐云藏

　　《诗经·小雅》中记载："幡幡瓠叶，采之亨之。"匏瓜属葫芦科，名虽为瓜，但其果实并不供人食用，而是被剖开当作水瓢使用。观此壶稳重沉着，截盖的设计，使盖与壶身浑成一体，整把壶宛如一丰硕匏瓜。壶身曼生铭文："饮之吉，匏瓜无匹。"

石瓢

清
杨彭年制 陈曼生铭
高 75mm 口径 68mm
把梢印：彭年
底印：阿曼陀室
壶身铭：不肥而坚，是以永年。曼公作瓢壶诂。
唐云藏

此壶以三角形的灵巧流转为组合，壶身延伸为一个大的三角形，壶把内空间为三角形，壶钮也似抽象三角形，壶底三足也构成三角形，此壶借以石的坚实，瓢之功用，淋漓尽致地表现出创作者的意象思想，整件作品结构稳重，意味隽永。曼生作壶铭："不肥而坚，是以永年。"更为画龙点睛之笔。

乳瓯壶

清 嘉庆
杨彭年制 郭麐铭书
高 78mm 口径 56mm
把梢印：彭年
底印：阿曼陀室
壶身铭：横云。
　　　此云之腴，餐之不癯。
　　　祥伯为曼公諮并书。
南京博物院藏

　　此壶身饱满润泽，似女子乳房，器形小巧，直流，弯把，截盖鼓起，盖钮如乳头，中穿一孔，此乃"乳瓯"壶名的出典。壶腹饱满而莹润，肌理细腻，简洁大方，横云遐思。

　　郭麐（1767—1831），字祥伯，号复翁、频伽、蘧庵，江苏吴江人。姚鼐学生，为阮元所赏识。工诗词古文，善书法、篆刻，曼生壶的重要参与者，所创作壶铭别有天趣。

掇球

清 嘉庆 道光
邵大亨制
高 109mm 口径 65mm
盖印：大亨
宜兴陶瓷博物馆藏

  掇，拾取也。球，圆球也。掇球为采掇放物之圆器也，紫砂掇球壶即取象成品茗之器也。此壶壶体硕大圆润，朴实浑厚，壶嘴略短小，曲线优美。壶口较小，壶盖略微隆起拱形，呈小半球状，壶钮呈圆球状，壶把舒展奔放，整把壶飘逸放达，雍容大度，气韵生动。

  邵大亨（1796—1860），宜兴川埠乡上袁村人。清道光、咸丰年间的制壶大家。他在少年时就享有盛名，是继陈鸣远以后的一代宗匠。他的制壶以浑朴见长，尤其在制简练形体，如掇球、仿古等壶，朴实庄重，气势不凡，更突出紫砂艺术质朴典雅的大度气息，他的壶"力迫古人，有过之无不及也"，他是百年一遇的紫砂大亨。

钟德壶

清 嘉庆 道光
邵大亨制
高 100mm 口径 96mm
盖印：大亨

  顾景舟大师观大亨钟德壶有云："德清俭素，儒雅中和胡付照与壶有缘之人，若有缘遇见此尊宝器，定能心生正气，肃起恭敬之心。"钟德壶，取钟的象义而创作，承儒家礼乐之贵德精神，此壶简洁大方，结构严谨，流、把、盖、钮与壶身比例协调，技艺精湛。今人一直临摹不辍也。

八卦河图洛书龙头一捆竹

清 嘉庆 道光
邵大亨制
高 85mm 口径 96mm
盖印：大亨
南京博物院藏

　　壶名也是壶，邵大亨创概念壶之先驱，以《易经》思想创作此壶，太极生两仪，两仪生四象，四象生八卦。壶身以64根长竹段围成，以合64卦之数。以32根短竹段分成四组，每组8根，结以成足。壶盖浮雕八卦图，盖钮成太极图，壶底装饰河图洛书，壶流、壶把饰以飞龙形象，制技精美，作者以匠心悟《易经》之道，含义深邃，是具有中国传统设计的"文化符号"，可谓一壶掌乾坤，是抽象与具象的完美统一，堪称紫砂艺术极品。

　　1994年中国邮电部发行《宜兴紫砂陶》特种邮票一套四枚，此壶是其中之一。

鱼化龙

清 嘉庆 道光
邵大亨制
高 92mm 宽 122mm
盖印：大亨
香港茶具文物馆藏

　　鱼化龙具有中国传统寓意，亦名鱼龙变化，鱼化为龙，古喻金榜题名。壶身为圆形，由几块规则的波浪组成。一面波浪中伸出凶猛的龙头，张口吐出一颗发光的宝珠；另一面刻鲤鱼跃出波涛。壶盖呈波涛涌起状，浪尖探出立体雕出的龙头，作为壶钮。龙头可伸缩，倾茶时，龙头伸出，同时龙头里又伸出一根细的龙舌。倾茶毕，壶持平，龙头缩回，龙舌也隐入龙头不见。该壶型设计巧思，造型华美大方，刻画精细而不繁琐，块面清晰简洁，线条流畅明快，沉静中透出活泼，令人叹为观止。鱼化龙还蕴含飞黄腾达、平步青云的寓意。鱼化龙壶造型，巧思出众，格调高雅，是大亨传器的代表作之一。

高圈足矮蛋包

清 道光
邵大亨制
高 90mm 口径 60mm
盖印：大亨
底刻铭：秋天明月桂花香，岁次甲辰孟秋之月。
王一羽藏

　　此壶扁圆腹，平顶向下凸圆盖，短颈，圈足，三弯圆流，壶肩对侧双系，软提梁，圆柱镂空内胆。

　　此壶型是清末民初流行的款式之一，因制壶时用砂泥将壶身拍打成圆形，为了放置平稳，再用手工将壶底一圈捏平，留出底部中间凸出圆形，似农家打清水荷包蛋的样子，故俗称"蛋包壶"。蛋包壶是普通人家及农户们常用饮茶之壶，由于携带方便，旧时农民出耕将此壶放在田埂边歇息时饮用，又称"田头壶"，也是紫砂传统式样壶。

　　蛋包壶容量较大，采用铜把软提，其壶身饱满有度，颈短、丰肩、鼓腹、平口、压盖。口盖母子线配合，上厚下薄，稳如天盖地，不易脱落。蛋包壶有"高蛋包""中蛋包""矮蛋包"之分。通常人们把有圈足的称高蛋包壶，把无圈足、底部鼓起的称矮蛋包壶。

仿古

清 嘉庆 道光
邵大亨制
高 86mm 口径 92mm
盖印：大亨
宜兴陶瓷博物馆藏

　　此壶身呈扁圆形，壶身上下渐收，中间腹满，浑圆敦实，线条柔畅。扁圆珠钮，弯流耳把，内圈足，口盖敞阔，便于清洗。整壶神态俊美，切琢无疵，给人端庄秀丽之感。此壶为邵大亨紫砂经典器型。

金涂塔壶

清 道光
邓奎铭
高 126mm 口径：横 51mm 纵 40mm
底印：符生邓奎监造
壶身铭：忆昔钱王造塔，金涂八万四千，功德遐敷。吾摹其状，以制茗壶。
拈花宝相，焜耀浮图，虚中善受，甘露涵濡。晨夕饮之，寿考而愉。符生铭。
上海博物馆藏

  邓奎，字符生，清道光前后人，瞿子冶的朋友，与紫砂艺人合作，自己设计、监制紫砂壶，自撰铭文，或刻花、竹，壶底用印"符生邓奎监造"。

莲子大壶

清 道光
虔荣制
高 116mm 口径 81mm
底刻款：岁在辛卯仲冬虔荣制时年，七十六并书。
香港中文大学文物馆藏

　　莲子素有美名，"禀清芳之气，得稼穑之味"，可静心、可养性，乃清供佳品。莲子壶由"莲子罐"衍化而来，此壶取莲子之形，壶身饱满却有清逸之感，弯流、耳把、扁圆壶钮，线条柔和而有强劲力道，此壶造型简洁，质感细腻，色泽温润含光，可见作者不凡制壶功力，恬适淡泊心性由壶而见。

　　虔荣，潘姓，字菊轩。清乾隆至道光年间宜兴制陶人，名在《宜兴县志》长寿耄耋之列，所制茗壶砂细工精，当地紫砂老辈颇为推重。高熙的《茗壶说·赠邵大亨君》一文中，亦提此名。文中有句云："……近得菊轩掇，并苍老可玩……"

三元式胆壶

清 道光
邵友兰制 陈曼生铭
高 105mm 口径 60mm
盖印：友兰
底印：符生邓奎监造
壶身铭：三元式
　　　注以丹泉，饮之吉，勿相忘。 曼生仿古
王一羽藏

　　此壶因壶身铭文中有"三元式"，壶内有内胆而得名。壶身由两层圆腹相叠而成，加上圆弧形的盖，像是三层，这是"三元式内胆壶"名称的来由。
　　三元式壶造型与高蛋宝壶有相似之处，壶内有茶胆，泥色润佳，形制重叠得体，柔和雅巧，容量大小适度，使用功能极佳，壶嘴滴水不涎。
　　邵友兰生于清乾隆末年，为清中期紫砂名家。道光年间曾为清宫制作过贡品，北京故宫博物院现收藏有他的紫砂作品。

四方壶

清
申锡制
高 130 mm 宽 145mm
款识：申锡
铭文：杜陵东园铜壶容三斗，重十三斤，永始元年供工长造，
　　　护昌、守啬夫宗、掾通主，守左丞博、守令并省。
上海黄福弟收藏

　　"方非一式"，变化多端。此"申锡制四方壶"以段泥作砖形方壶，块面挺括，线条利落，气势逼人，四方形三弯流，壶把上段呈曲线飞动，使整器平添灵动秀逸，锐角清秀利落，整体豪爽刚劲稳健。

　　壶身模印阮元《积古斋钟鼎彝器款识》所载砖文："杜陵东园铜壶容三斗，重十三斤，永始元年供工隶属供府，是负责物资供给的机构。

　　此壶式入选 2011 年中国邮政发行邮票。

　　申锡，字"子贻"。清道光至咸丰年间著名紫砂艺人，笃志壶艺，精着以手捏制，巧不可阶，善制方器，传世有"砖方""方钟""柱方""矮四方"等壶，曾和杨彭年、瞿应绍、朱坚等合作制壶。壶底多钤"茶熟温香"阳文篆书方印。《阳羡砂壶图考》称其："阳羡壶艺能蔚为名家者，当推其为后劲，后此则有广陵绝响之意矣。"

刻梅花钟形壶

清 道光
申锡制 朱石梅铭
高 125mm 口径 64mm
底款：茶熟香温
把梢印：申锡
壶身铭：玉花一本，瑶草两茎。玩之望世，餐之长生。石梅。
南京博物院藏

　　此梅花钟形壶，底印"茶熟香温"，印章格式及刀法高雅，壶身铭刻书法遒劲，镌刻刚挺，是砂艺传器中之上品。

平盖莲子

清 道光
申锡制
高 88mm 口径 68mm
壶盖铭：申锡
壶身铭：挹彼甘泉，清冷注兹。
　　　　先春露芽，一枪一旗。
　　　　烹以兽炭，活火为宜。
　　　　素瓯作配，斟斯酌斯。
　　　　道光丁未春行有恒堂主人制。

唐云藏

　　此壶壶身似莲子，弧度饱满，线条圆润有力、灵动优雅，印证了佛家"莲由心生，心生万相"的沉敛品性。

风卷葵

清 道光
杨凤年制
高 106mm 口径 67mm
把下印：杨氏
宜兴陶瓷博物馆藏

　　此壶通体以葵花为式，千瓣参差，向背分明，线条回旋生动、流转绵延，壶身及壶盖饰以形态多姿的葵叶，乃取风势，偃仰翻转，尽显劲逸。壶嘴以卷曲的葵叶塑成，壶把与壶钮为葵花枝梗，筋纹毕露，富有劲道。不愧为紫砂茗壶艺术史上女艺人的杰作。把梢下钤篆书阳文"杨氏"小圆印。

　　杨凤年，清嘉庆年间制壶名艺人，杨彭年之妹。其作构思巧妙，浮雕精美，可与其兄媲美，是历来公认最有名望的制砂壶女艺人，传世作品较多。所制《风卷葵壶》造型典雅，制作工巧，用名贵的天青泥制成，紫檀色中微泛蓝，精美内含，温润如玉，为壶中佳品。现藏于宜兴陶瓷陈列馆。

杨氏竹段

清 道光
杨凤年制
高 108mm 口径 81mm
底印：杨氏
宜兴陶瓷博物馆藏

  竹段壶便是以竹为主题的经典壶型。壶身采用笔直而粗壮的竹段为壶身，壶嘴、把、盖钮亦取竹段，生动自然，挺拔清秀。竹自清高，壶亦清高。东坡曾叹曰："宁可食无肉，不可居无竹。"竹寓于壶，更显清雅脱俗。

平盖竹段

清 道光
杨彭年制 朱石梅铭
高 78mm 口径 78mm
盖印：彭年
底印：石某（梅）摹古
壶身铭：采春绿，响疏玉。把盏何人，天寒袖薄。石梅作。
上海博物馆藏

　　壶身为圆形竹段，中有节线，形象生动，嵌盖，壶把、钮、流均为竹枝，壶钮竹枝自然扭曲，彰显活力，表达出竹之风骨精神，整器设计巧妙，源于生活，高于生活，生机盎然，富有动感。

　　杨彭年，字二泉，号大鹏。生卒不详，清乾隆至嘉庆年间宜兴紫砂名艺人。弟宝年、妹凤年，均为当时制壶名艺人，善于配泥，所制茗壶，玉色晶莹，气韵温雅，浑朴玲珑，具天然之趣，艺林视为珍品。

　　他又善铭刻、工隶书，追求金石味。他还与当时名人雅士陈鸿寿（曼生）、瞿应绍（子冶）、朱坚（石梅）、邓奎（符生）、郭麟（祥伯、频伽）等合作，世称"彭年壶""彭年曼生壶""彭年石瓢壶"声名极盛，对后世影响颇大。

包锡础方壶

清 道光
杨彭年制 朱石梅铭
高 83mm 口径 45mm
壶内底印：杨彭年制
壶身铭：微润欲沾，雨前吐尖。己丑小春月，石梅。
南京市博物馆藏

　　此壶由杨彭年制，朱石梅擅长为紫砂镶锡包玉工艺，别开生面，相映生辉。此为二人典型合作作品，堪称珠联璧合。壶身铭："微润欲沾，雨前吐尖。己丑小春月 石梅。"

　　朱石梅，原名朱坚，字石某，山阴人，侨寓松江。晚署老某，号鹤道人，又称梅道人。石梅能以精锡制茗壶，首创砂胎锡包壶，并亲自刻字画于其上，人比曼生砂壶，为世所重。还经常跟杨彭年、瞿应绍、邓奎等人合作制壶，所做之器皆为佳品。并工鉴赏，多巧思，能画，善墨梅，具苍古之致，兼长人物花卉，篆、隶、行、楷均劲逸有风致，尤精铁笔，竹、石、铜靡不工。著有《壶史》。嘉道以来，名示题咏殆遍，清蒋茞生《墨林今话续编》，民国谈溶《壶雅》中皆有详加记述。

中石瓢

清 道光 同治
杨彭年制 瞿子冶铭
高 66mm 口径 65mm
把下印：彭年
底印：吉壶
壶盖铭：宜圆。
壶身铭：冬心先生余藏其画竹研，研背有竹一枝，即取其意。板桥有此一纵一横，
　　　　颇有逸情。子冶藏板桥画盖仿梅花盦者仿梅道人子冶。
上海博物馆藏

　　瞿应绍，字子冶，是继曼生、石梅后又一与砂艺密切结合的擅长金石书画的文人。他所装饰的砂壶，印章及书画镌刻格调高雅，韵致怡人。

掇球

清 道光 同治
邵友廷制
高 121mm 口径 73mm
盖印：友廷
宜兴陶瓷博物馆藏

  友廷"掇球"秉承了"大亨掇球"壶身势雄气沉的特点，但对"大亨掇球"进行大胆的再创作后，在壶身与壶盖的连接部拉高成壶颈，壶嘴微曲略直，显得冲力之势更为突出，壶口设计放大，壶盖抬高成三分之一的半球状，壶钮球形更圆，与"大亨掇球"相比，整体壶形更贴近"掇球"之名。从审美角度欣赏，应该说："友廷掇球"是"大亨掇球"的再创造和再发展，在"大亨掇球"与"寿珍掇球"之间起着承上启下的作用。

  邵友廷，清朝道光至同治年间宜兴上袁村人，他精工壶艺，尤其善于制作鹅蛋壶和掇球壶。邵友廷制作的器物，大多盖有"友廷"两字的椭圆形阳文篆印。由于邵友廷是清末的制壶名家，因此，他制作的紫砂壶有很高的收藏价值。

汉扁

清 道光 同治
邵友廷制
高 95mm 口径 89mm
盖印：友廷
宜兴陶瓷博物馆藏

　　此壶形体扁圆，底部圆韵而丰满，肩有圆棱，口与肩平滑舒展，平盖，盖边饰反弧线，扁圆钮，嘴微曲，大把向外拉出，嘴侧肩与把侧形成一条气贯全壶的流线，相互呼应，生动而自然。整个壶质朴大气。

瓢壶

清 光绪
王东石制 任伯年书
高 99mm 口径 80mm
把梢印：东石
壶身铭：石瓢 光绪己卯仲冬之吉，横云铭、伯年书、香畦刻、东石制。
　　　　益斋先生清玩。
上海博物馆藏

　　壶呈紫褐色，砂质较粗，壶身似瓢，造型特殊。短流，嵌盖坡顶，顶端挖二孔为钮，壶把为三叉式。从盖顶至壶底饰一条十字形粗线，浑然一体。整器简而不陋，平而不俗。

　　王东石，别号"苦窳生"，清同治至光绪年间的制壶名手，所作之壶造型别开蹊径，独具一格，常为文人雅士制壶及文房具。曾与何心舟相善，一起到浙江宁波创建玉成窑。王东石制壶甚得古法，造工细致，技艺超群，铭刻亦佳，随时风所兴。喜用本山绿泥制壶，烧成白中泛黄，脂如玉色，宛若珠绯。王东石善于广交书画界同仁，有胡公寿、任伯年、梅调鼎等名士。壶底为订壶者款，盖内或壶身署东石制款。

博浪椎

清 光绪
韵石制 赧翁铭
高 85mm 口径 46mm
嘴下印：韵石
底印：林园
壶身铭：博浪椎 铁为之，沙抟之。彼一时，此一时。赧翁铭。
唐云旧藏 现藏于上海博物馆

  此壶造型是仿古代的武器即带铁索的大铁锤，又称博浪椎。壶的制技尚称精确周到，尤其是对泥色的配制，颇为讲究，紫砂细泥调粗砂，肌理粗而不糙，更逼真似铁锤，且有粗重感。装饰以赧翁之精妙书法，镌刻干脆，锋锐利落，游刃有余，诚为艺趣盎然的一件佳器。

  嘴下印"韵石"，底印"林园"。

  据说秦时张良派刺客在河南博望沙行刺秦始皇，用的就是这圆形带铁索的博浪椎。秦始皇灭韩国，张良是韩国人，为了报仇，觅得力士，做铁椎重一百二十斤，趁秦始皇东游，于搏浪沙击之。

  韵石，清代紫砂艺术家。生卒年不详。曾与梅调鼎合作制"赧翁壶"。传世有"博浪壶""柱础壶""瓜菱壶""汉铎壶"等。其"瓜菱壶"壶形似瓜，短流，耳形把手，钮为瓜蒂，中穿一孔，嵌盖。把梢印"韵石"，底印"林园"。壶身铭："生于棚，可以羹。制为壶，饮者卢。翁铭。"这是韵石与赧翁合作名壶。

  梅调鼎（1839—1906），字廷宽，号友竹、赧翁等。早年定居慈城，晚年迁居三北杜湖岭解家。是清末著名书法家，日本书界称其为"清代王羲之"。有《赧翁集锦》《梅赧翁手书山谷梅花诗真迹》印行于世，另有《注韩室试存》。梅调鼎喜品茗，更爱紫砂。出于文人的爱好，在沪、甬两地的名门资助下，在今宁波慈城创办了玉成窑，合作的有任伯年、胡公寿、虚谷、徐三庚、陈山农等金石书画家、文化名人；还有制壶名家何心舟、王东石等。玉成窑墨宝紫砂主要是文人之间相互交流把玩且传世不多，弥足珍贵。

高柱础

清 光绪
韵石制 赧翁铭
高 80mm 口径 58mm
把梢印：韵石
底印：曼陀华馆
壶身铭：久晴何日雨，问我我不语。请君一杯茶，柱础看君家。赧翁。
唐云藏

  此壶选取紫泥制作，壶体似圆石鼓状，上小下大，腰间微敛，短流，嵌盖，环形耳把，造型稳健。把梢印"韵石"，底印"曼陀华馆"。壶身为"柱础"壶。何为"柱础"？看其形便知，这是古代建筑房屋时用来支撑木柱之用的石基。壶铭："久晴何日雨，问我我不语，请君一杯茶，柱础看君家。"这铭文的内容显然是俏皮的生活之谈。众所周知，"础润而雨"是生活常识，下雨是自然规律，空气中湿度增大，俗称"还潮"。赧翁借用久晴不雨特殊的天气背景，用注茶壶润的方式来回答，把"柱础"的题目用生活常识来诠释妙解，是继曼生壶之后的又一文人壶典范。

隐角竹鼓

清 光绪
赵松亭制 吴月亭铭
高 84mm 宽 165mm
底印：宜兴松亭自造
壶身铭：中空空，而难测。腹恢恢，其有余。竹溪。
王一羽藏

　　隐角竹鼓壶以圆竹鼓壶为基型，增加了四个隐角，组合巧妙，秀气天成。竹钮嵌盖，短流圆把，流、钮、把均饰以竹节枝茎，疏密有致，风格统一。壶体典雅凝重，浑朴敦实，竹节简练精细，古意盎然。

　　赵松亭（1852—1934），曾用名支泉，字九龄，号东溪。宜兴蜀山上袁村人，清末民初紫砂名家兼紫砂实业家。早年师从邵夫迁，勤奋好学。艺成后擅长仿古类作品，其"竹鼓""汉韵""掇球""仿古"等壶端庄圆润，浑厚古朴，圆中带韵，韵中带秀。曾受聘于苏州大收藏家吴大澂处，所制"书画仿鼓""羊盖扁鼓""折身圆壶""紫砂瓦形枕"等紫砂壶细腻简练，舒展大方。自制、自画、自书、自刻，自成一格。

钮鱼化龙壶

清 同治 光绪
黄玉麟制
高 101mm 口径 75mm
盖印：国良
底印：黄玉麟
宜兴紫砂工艺厂藏

  此作是黄玉麟创作的提梁式鱼化龙，后经俞国良配盖。壶身布满波浪纹，壶身两面分别塑有鱼、龙来表达主题寓意，壶钮为如意云瓣钮，龙头倾茶时伸展自如，此作技艺精湛，云龙浮雕刻画精细。壶的嘴、钮结构自然，完美地表达了"鱼化龙"的高升昌盛之意。

  黄玉麟（1842—1914），原名玉林，宜兴蜀山人，因其制作的鱼化龙壶技艺出众，世人以"玉麒麟"直呼其名，于是玉林改名为玉麟。光绪二十一年至二十四年（1895—1898），黄玉麟在吴府得观彝鼎及古器，艺日进，名益高。而吴大澂亦通过黄玉麟的一双巧手把自己对金石钟鼎、玉器陶瓷、博古陈设的种种理解融入壶艺创作中，作品展现出清丽整齐的气质，格调高雅脱俗。

供春壶

清 同治 光绪
黄玉麟制
高 115mm 口径：横 60mm 纵 43mm
盖印：玉麟
宜兴紫砂工艺厂藏

  该壶由黄玉麟仿供春壶式而作。历史上流传供春壶的传说，一说似树瘿，只见其文，未见其样。顾景舟先生认为此壶是瓜不瓜，橡不橡。观此壶泥色黄褐，朴质轻巧，壶钮为瓜蒂盖，壶身布满毂绉，纹路缭绕，似古树表皮。弯流自然，树枝为把，整件作品造型端庄，气势浑厚。

铺砂升方壶

清 同治 光绪
黄玉麟制
高 65mm 口径 47mm
盖印：玉麟
底印：窓斋
宜兴陶瓷博物馆藏

  壶呈暗红褐色，选用精制紫泥制作，在配泥上颇费功夫，泥片表面铺满金黄色桂花砂，砂砾没入胎身，却又产生出明显的层次感，以手抚之，光滑细腻，被后人称之为"雪花壶"。
  此壶壶身呈上窄下宽的四方梯形，名"升方壶"，因仿量米的方斗为壶式而得名，是黄玉麟紫砂方器的代表作。

高印包

清
壶痴制
高 114mm 口径 62mm
底印：壶痴
许四海藏

　　此壶形制，模仿古代印章，壶身上方，肩圆微敛，状似方印包袱，钮为包袱布结形，口盖严合，壶身采取方形，见棱见角，壶盖因势造形，几乎不可分辨。

　　壶痴是清代著名陶艺家，生卒年不详，故宫博物院藏有"加彩印包壶"传世。

扁鼓小壶

清
惠孟臣制
高 55mm 宽 82mm
底刻款：竹窗留月夜评茶。孟臣制。
香港茶具文物馆藏

　　此壶似扁鼓形，造型形神兼备，点、线、面和谐一致，浑然天成，富含韵致，趣味盎然。惠孟臣善制小壶，朱泥小品居多，泥色润泽，法度精微，诚属佳品。

　　惠孟臣，生卒年不详，《阳羡茗壶系》载"不详何时人"，只知道他"善摹仿古器，书法亦工"，"浑朴工致兼而有之"，文人称赞他的书法"不俗"，"绝类褚河南（遂良）"。

柱础

清 宣统
范静安制
长 115mm 宽 80mm 高 70mm
盖印：静安
底印：范庄农家
壶身铭：半瓯香雪，数片含黄。己酉仲夏，养云刻。
范家壶庄艺术馆藏

　　柱础是中国建筑构件一种，俗称磉盘或柱础石，它是承受屋柱压力的垫基石，凡是木架结构的房屋，可谓柱柱皆有，缺一不可。古代中国人民为使落地屋柱不使潮湿腐烂，在柱脚上添上一块石墩，就使柱脚与地坪隔离，起到防潮作用；同时，又加强柱基的承压力。因此，对础石的使用均十分重视。此壶即以"础石"之样式用段泥制作，壶身圆润，平嵌盖，与壶身严丝合缝，桥形纽、环把、直流，作品底钤"范庄农家"，盖内钤"静安"二字篆印。壶腹一面刻竹，一面刻行书"半瓯香雪，数片含黄"，款署"己酉仲夏养云刻"。"半瓯香雪"指半盏香茶，"数片含黄"典出唐代诗人郑谷《峡中尝茶》诗："合座半瓯轻泛绿，开缄数片浅含黄。"这是形容茶水汤色的名句，后世常以此联，或单以"数片浅含黄""数片含黄"作为壶铭。壶铭刻者不详，但刀法老到，画竹飘逸自如，刻字遒劲有力，布局入格入调，当系陶刻高手所作。因此，这把壶的工艺、装饰俱佳，堪称精品。

　　范静安（1873—1911），宜兴西望圩人，善制紫砂茗壶，惜英年早逝，秉承家族"忙时务农，闲时制陶"之乐，用"范庄农家"为斋号，且以斋号为款识制作"柱础壶""金钟壶"成为陶瓷界一段佳话。

大掇球

清
程寿珍制
高 145mm 口径 79mm
盖印：寿珍
底印：冰心道人
宜兴紫砂工艺厂藏

"掇球壶"堪称紫砂光器中的经典之作。犹如大、中、小三个圆球垒叠，显得稳重圆润，丰满精致，有一种俯仰天地、器宇轩昂的气度。它简洁，似又繁复，而繁复又消融于浑然一体的简洁之中。整个器型雄浑大度，又波澜不惊，体现了平和、清静、无为的道家精神，后世的紫砂艺人都把它奉为经典。

程寿珍，号冰心道人，清咸丰至民国初期的宜兴人，是一位勤劳多产的紫砂壶名家，师承其养父邵友庭，擅长制形体简练的壶式。作品粗犷中有韵味，技艺纯熟。所制的"掇球壶"最负盛名，壶是由三个大、中、小的圆球重叠而垒成，故称"掇球壶"。其造型以优美弧线构成主体，线条流畅，视觉感也极为舒适，整把壶稳健丰润。该壶于1915年在巴拿马国际赛会和芝加哥博览会得金奖，当时名重一时。

合菱壶

民国
范大生制
长 120mm 宽 150mm 高 150mm

  此壶紫泥制作，圆形壶身，立面菱花，上下对称，凹凸变化，交错相映，从而使壶身腰部的菱花波线形成了纵向与横向并行的立体水痕，平静起伏，节奏鲜明，动感强烈，大气磅礴。宋伯胤先生在他最新著作中，从紫砂史的角度，做了这样的评说，"合菱壶腹中部菱花阴阳相交，两朵盛开的菱花，两菱花相合，故名为合菱，菱瓣阴阳相交，凹凸之变化，改变了传统筋纹纵向到底的表现方式，制作上难度大于以往的筋纹形"。

  范大生（1875—1942），即范钦仁的艺名，字承甫，范广善之长子。承父制作大生茗壶，其创作作品均落款"大生"，多款紫砂器型，成为宜兴紫砂经典作品。范钦仁曾受聘于阳羡紫砂陶器公司，并在江苏省立第五中学任技师及辅导老师，为宜兴陶艺职业教育第一人。享有"千金难求大生壶"的美誉，故后人尊称为"范大生"。他是当时连续六次参加国际性博览会的紫砂第一人，并获得极高荣誉。

合梅壶

民国
范大生制
长 120mm 宽 150mm 高 100mm
范家壶庄艺术馆藏

　　此壶红泥制作，壶身分为五瓣，壶嘴梅桩枝干装饰，壶把弯曲自如，梅枝、梅花生机勃勃，壶盖也有五瓣筋纹与壶身统一呼应，壶钮做成主枝、多姿迸发，几朵盛开的花朵，给人以自如朴茂、生意盎然的天趣，十分惹人喜爱。

东坡提梁

民国
范大生制
长 150mm　宽 180mm　高 220mm
壶铭：松风水月，精华仙露，明珠朗润。乙丑年企陶（吴汉文）刻。
1926 年美国费城博览会获奖
范家壶庄艺术馆藏

　　松风竹炉，提壶相呼。
　　此壶段泥制作，圆圆的壶体，酷似树枝的提梁，有在青山绿水之间，吊壶烧柴，煮泉品茗的诗韵天趣。以如此有天然神韵的紫砂壶来纪念诗人、茶人苏东坡，成为富蕴诗情画意的佳话。
　　入选 2023 年 5 月 21 日联合国"国际茶日"纪念邮票。

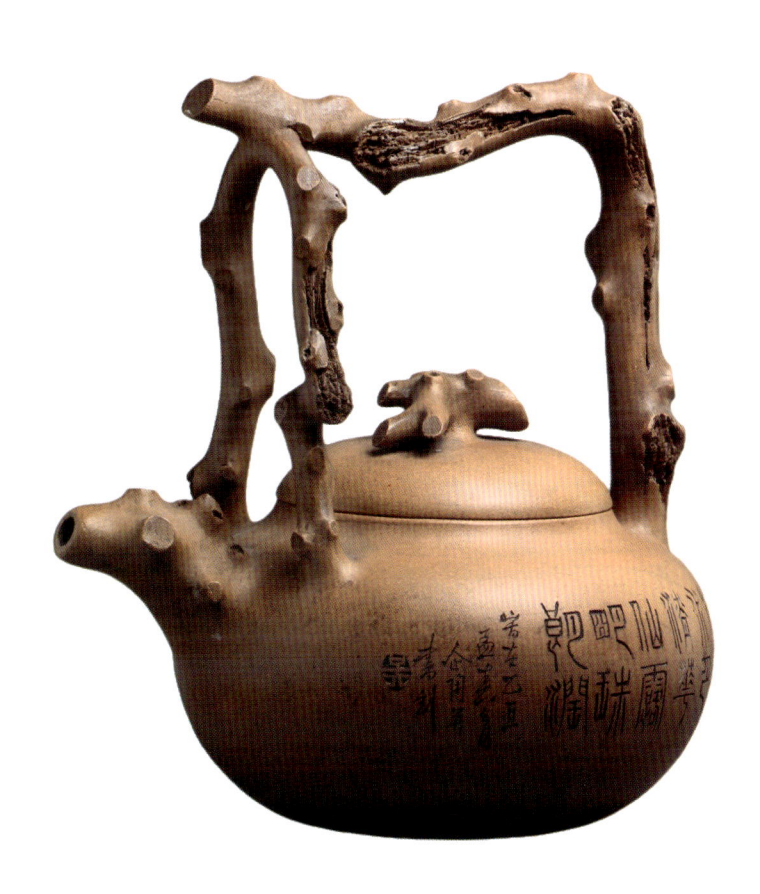

大柿子壶

民国
范大生制
长 120mm 宽 150mm 高 100mm
1910 年南洋劝业博览会金奖
1915 年美国巴拿马赛会头等奖
范家壶庄艺术馆藏

  此壶用段泥制作，呈白果色，壶体似柿子形态，壶盖如柿子之柄，形象逼真生动，壶腹的一面镌刻水墨山水，另一面陶刻行书"何当破闷出躯壳，君乘石瓢我浮蠡"。署"宜兴出品"款，壶盖内有大生印，壶的底部印有一圆章"乙酉年南洋劝业博览会"（乙酉年为1909年，1910年是庚戌年）。这枚圆章说明"大柿子壶"是范大生等陶艺家为了参加1910年南洋劝业博览会而专门设计制作的。

六方竹鼎

民国
范大生制
长 110mm 宽 130mm 高 120mm
范家壶庄艺术馆藏

　　壶段泥制作，作者运用点、线、面、体等线有序过度和衔接，来取得造型的统一协调，方竹为素材，以传统的竹鼎壶式为师，创造性地融入了六方器的元素，取得了完美的效果。壶身分为两部分，上小下大，折肩，平盖，六方竹节壶嘴。

四方隐角竹鼎

民国
范大生制
高 126mm 口径 67mm
盖印：大生
壶身铭：扫雪开松径，疏泉过竹林。录唐句
宜兴紫砂工艺厂藏

  四方隐角竹鼎壶的壶身是选取"竹段""竹节"为造型，壶身方圆结合，四角是抽角，而且向内，这就把竹子的刚劲、力量、挺直很形象地凸显出来。壶盖子部分和身筒口部紧密吻合，壶盖和身筒连在一起，似三段竹节，自然和谐，亭亭玉立，壶盖上贴了几片竹叶，增加了飘逸、灵动之感。过桥钮式壶钮，是用一段弯曲的小竹段装扮，此竹段旁生出一细小竹段和壶面竹叶相连，妙趣横生，相得益彰，壶把和壶身的"竹节"与壶身相连，恰似是竹子长出的枝干，被人为之力弯曲成把手，这也体现出竹子弯而不折、折而不断的特征。整件作品以竹入壶，大气磅礴，是大生壶和紫砂历史上的经典之器。

佛手

民国
范锦甫制
长 150mm 宽 70mm 高 70mm
盖印：锦甫
范家壶庄艺术馆藏

  此壶段泥胎，为佛手造型，从指端处开一孔作出水流，柄似枝杆，饰以三片枝叶，仿生自然。嵌盖塑以小佛手为钮，形象惟妙惟肖，造型生动。盖内钤"锦甫"印款。范锦甫擅于制作花货，其艺术风格写实简练，注重茗壶的造型饱满和线条流畅，尤其擅长用简约凝炼的装饰，传达精致古雅的文人气质。

  佛手是一种既具观赏价值又有药用价值的芸香科植物枸橼的变种，形同神手，我国南方各地多见，宋代已有栽培，果实形似人手而多指，故有"佛手"称谓，被人寄予吉祥幸运之意。

  范锦甫（1889—1941），宜兴西望圩人，民国时期宜兴紫砂艺人。师从其兄范大生（范钦仁），精于制壶，善作花货。香港茶具文物馆藏有"范锦甫巧色佛手壶"一具，制作精美，形象逼真，生动传神。

狮球

民国
江案卿制
长190mm 宽140mm 高120mm
盖印：案卿
范家壶庄艺术馆藏

　　清末民初常见的紫砂茶具器形一般为葵瓣式，壶钮伏一狮子戏球，故名"狮球壶"。"狮球壶"又称"伏狮壶"，"狮"与"师"同音，古有"太师""少师"的官名，所以世人常以此祈求家族世世代代高官厚禄、兴旺发达。"狮球壶"最大的特征是盖上的伏狮，一般都塑得憨厚讨喜，相当具有亲和力，气孔由其蜷卧的腹下双腿间穿出，实用与美观兼具。

　　此壶壶体高仰饱满，曲张有致，壶颈高而挺括，与壶盖呈葵式，上塑一卧狮捧绣球，制作精细，俗称"喜狮"。壶流、把手较为简洁，品茗赏壶时，主题鲜明。狮球壶均为手工制作，壶盖、口皆吻合精到，盖可任意转向，复杂考究的工艺更凸显其不可多得的价值。

　　江案卿（1886—1953），清末民初著名紫砂艺人，宜兴大浦洋渚人。曾受聘于蜀山绅士潘宝仁创办的阳羡紫砂陶业公司，为制壶技师。1915年，江案卿曾与吴云根、李宝珍、杨阿时一同远赴山西平定平民陶器工厂任技师，为宜兴紫砂推向全国做出过贡献；1918年坐落在蜀山的江苏省陶业工厂聘其为该厂制壶技师。江案卿制壶技艺精良，传器不多，有洪春茶具、竹根仿古壶、竹春茶具等。其"狮球壶"在1915年美国"太平洋万国巴拿马博览会"上获奖。有大、中、小三种规格，广为流传。

葵仿古

民国
冯桂林制
高 95mm 口径 86mm
盖印：桂林
底印：金鼎商标
壶身铭：石泉槐火。跂陶氏仿作。
宜兴紫砂工艺厂藏

    葵仿古壶是在圆仿古壶的基础上用筋囊、面块转折的表现手法制作而成，壶钮与壶身皆呈筋纹状，壶盖也用筋纹起线，高高拱起，壶流圈、把皆塑六方式，使整个壶的造型协调统一。

    冯桂林（1907—1945），宜兴周铁镇人，为江苏省立陶器厂利永陶工传习所第一批艺徒，师从范大生、程（陈）寿珍等名师，特擅长于松、竹、梅的题材，且极富创新意识，风格独特，构思巧妙，实为紫砂壶史上少有的奇才。

五竹壶

民国
冯桂林制
高 100mm　口径 61mm
盖印：桂林
范家壶庄艺术馆藏

　　五竹壶以竹入壶，以竹饰壶，以竹名壶，充分地体现了竹的民俗文化，做工精巧，外观别致，十分有特色。冯桂林一生创制紫砂花货精品甚多，仅新品类就达二百余种，被称为"千奇万状信手出，鬼斧神工难类同"。

合桃壶

民国
汪宝根制
高 110mm 口径 78mm
盖印：汪 宝根
壶身铭：玉茗、铁画轩主人制。
　　　　世间绝品甚难识，
　　　　闲封茶经忆古人。
　　　　　　东坡句
宜兴陶瓷陈列馆藏

　　作品以传统制壶手法入手，融合筋纹器为主体与花货作点缀。壶身以五瓣分成，线条以饱满丰腴来表现作品气度，壶钮以桃子作鲜明的点缀，简洁生动，倍增花货紫砂艺术细腻的表现，桃子是长寿的象征，吉祥之寓自然不言而喻。

　　汪宝根（1890—1954），号旭斋，宜兴蜀山人。他粗识文字，随伯父汪春荣学艺，出师后曾在蜀山利永公司、宜兴吴德盛陶器公司、上海铁画轩当技师，制作高档紫砂壶。汪宝根秉性耿直，好胜争强，1933 年宜兴陶业紫砂公会筹措展品之际，他曾耗费月余，制成"大东坡壶"和"三友壶"，参加芝加哥博览会，并获优奖，为一时佳话，此后名声大振。

大传炉

民国
俞国良制
高 105mm 口径 70mm
盖印：国良
底印：江苏全省物品展览会特等奖状 俞国良
民国廿六年时年六十四
宜兴紫砂工艺厂藏

　　为俞国良之最佳传器，精选泥质最好的大红泥制作，烧制火候绝佳，故色泽朱红，光彩鉴人，肌理滋润，显示砂艺材质的气韵。

　　俞国良，清末民初宜兴制壶高手，江苏无锡人。造壶精工，气格浑成，擅制"传炉"，匀挺有力，仿佛天成。曾获1915年美国旧金山"太平洋万国巴拿马博览会"奖状和1936年、1937年"江苏全省物品展览会"特等奖状。顾景舟《宜兴紫砂珍赏·紫砂陶史概论》："俞国良，原籍无锡，1939年卒，享寿六十五岁。传器制作严谨，器型格调雅致，是晚于黄玉麟的名手。"

梅桩提梁

民国
范占制
长 170mm 宽 110mm 高 180mm
盖印：范占
底印：金鼎商标
范家壶庄艺术馆藏

  此壶紫泥制作以梅桩树作壶身，出一枝作流，由肩伸出一梅枝作提梁。平嵌盖与壶身合为一体，塑梅枝及盛开的梅花，一派生机，章法、制技纯熟，为名工名器。盖内钤"范占"小章。

  范占（1884—1956），又名范福奎，宜兴制陶世家"范家"人士，近代紫砂名家。1917年，江苏省省立陶业工厂在宜兴成立，窑场、泥场设在蜀山北麓，也就是现在的蜀山"北厂"。该厂建造了小圆窑和龙窑，主要烧制紫砂壶等紫砂产品。程寿珍、范大生、俞国良、范福奎等技师负责该厂的制坯和传授制壶技艺，全厂有技师17人，徒工40人，叶得喜等为首批徒工。1932年美国芝加哥举行的"世界工艺博览会"上，紫砂名家朱可心、程寿珍、俞国良、吴云根和范福奎创作的"云龙紫砂鼎""掇球紫砂壶""仿古壶"和"传炉壶"等，均获优秀奖。1955年参加"蜀山陶业社"，不久病故。范占擅长紫砂花塑器制作，常以紫砂泥五色土为点缀色泥，使得作品更为夺目传神。

小品壶

民国
蒋燕亭制
长 80mm 宽 50mm 高 75mm
底印：蒋燕亭
铭文：诗人作伴 文士同居。陶汶。
范家壶庄艺术馆藏

  此壶为朱泥小品类，造型延明式小品壶样，壶嘴用树叶包成三弯嘴，把用树枝样式，壶钮最为传神，树枝设计成过桥钮装，树叶覆盖于壶盖上，过桥树枝之茎下有一只活灵活现的小鸟，意趣盎然，可见制作别具匠心，构思巧妙，技艺深厚，壶身铭文"诗人作伴，文士同居"，增添此壶文意也。

  蒋燕亭（1890—1943），原名宏高、鸿鹄，曾用名志臣、燕亭，宜兴川埠人。早年师承家学，随父学艺，又从友学习雕塑，善于观察飞禽走兽、虫鱼花草，仿制临摹其形态。由于天资聪慧，心灵手巧，20世纪20年代后期，在紫砂界崭露头角。善制水盂、水滴、文房用具等，尤以雕塑器形为佳。燕亭为当代名师蒋蓉伯父，蒋蓉曾随之学习仿制古代紫砂技艺，后由燕亭介绍蒋蓉至上海古董商虞仁恩处仿制紫砂古壶。燕亭技艺全面，所制质朴精工，名闻一时。30年代进入成熟期，被聘至上海专门仿制古董及紫砂名器，"为他人作嫁衣裳"，真假难辨。雕塑作品有"铁画轩"款的"东坡玩砚壶"等。

如意莲花

近现代
范正根制
长145mm 宽95mm 高80mm
底印：范正根
范家壶庄艺术馆藏

  此壶式受范家经典筋纹器"合菱"壶创作影响，在制作时将壶身等分六瓣，以筋纹如意纹装饰，壶身延至壶口部分也处理成六瓣莲花状，壶盖与壶口阴阳线相吻合，盖面等分六瓣如意纹，壶钮塑成莲花钮状，栩栩如生，壶之怡神，可见制壶者的心境，品行淡雅了然，彰显但不张扬，匠心别具，气韵充沛，设计独特，莲年有余，吉祥如意。

  范正根（1902—1992），宜兴西望人。宜兴紫砂工艺厂创立时与朱可心一起进厂的七位名工之一。师从清末花塑器制作高手潘德根。20世纪40年代在上海信制古代紫砂名器。1959年与徒谢曼伦一起，开办宜兴西九紫砂工艺厂。此报春壶，为该厂向建国十周年的献礼作品。壶式系20世纪30年代江苏省宜兴陶业职校校长王世杰设计，将奖杯造型移植于宜兴紫砂，经许多紫砂名工制作，初名大型咖啡壶，此时趋向完善，壶嘴、把、钮，可装饰梅花、竹子等。并使用多色泥，有一番新鲜感。

五蝠蟠桃壶

近现代
裴石民制
高 112mm 口径 64mm
底印：宜兴蜀山陶业生产合作社出品
宜兴陶瓷陈列馆藏

  此壶壶身似桃非桃，周身堆塑五只展翅而飞的蝙蝠及十一只蟠桃，五只蝙蝠代表五福，而蟠桃又是长寿的象征，可以说这把壶寄托了对幸福的追求与向往，是不可多得的精品。

  裴石民（1892—1976），原名裴云庆，又名裴德铭。宜兴蜀山人。著名紫砂艺人。早年习艺，艺成后擅制仿古紫砂器，颇负盛名。善制水丞、杯盘、炉鼎等器，造型典雅别致，具有青铜器敦厚稳重之特点，尤以仿真果品最佳。有"陈鸣远第二"之美誉。成熟期间的精品之作，以中小件为主，以古器作借鉴，以超凡的构思，能放能收，简繁匀称，既能作典雅脱俗的光素茗壶，又能作千姿百态之花货茶具，风格清秀不俗，技艺精湛严谨，在紫砂艺苑中独树一帜，为紫砂历史上求新求变、求精求妙，精而少，少而妙，不可多得的能工巧匠之一。

提梁孤菱壶

近现代
吴云根制
高 141mm 口径 62mm
盖印：云根
底印：吴云根制
宜兴陶瓷博物馆藏

  此壶泥色似沉香而略带赭色，制技精巧，线面和谐。壶呈方形，四角圆转，上小下大，盖钮内孔圆，外呈三瓣弧形，壶把围成一圆，边沿棱角清晰。壶肩部竖起提梁把手，比例协调，壶体稳重端庄，线条柔和圆润。整器造型有深奥莫测的方中寓圆、圆中见方的奇妙特点，被誉为紫砂茗壶传统器皿中的"上品"，具有浓郁的古色古香韵味。

  吴云根（1892—1969），又名吴芝莱。14岁向汪春荣（生义）学习制陶技艺，与汪宝根、朱可心为师兄弟。1915年，由江苏宜兴利用陶器公司介绍，去山西省平定县平民陶器工厂做技师，历时三年，此间不仅传授紫砂陶的成型技术，还利用炭釉炉试验烧成的炉均紫砂彩釉陶，成为近代宜兴陶艺界向外传播紫砂技艺的杰出代表之一。他待人谦和大度，德艺俱佳，作品如人品敦厚、朴实，大批学子在其扶掖之下，步入紫砂工艺殿堂。

半菊

近现代
王寅春制
高 78mm 口径 54mm
底印：王寅春
宜兴紫砂工艺厂藏

  此壶从菊花形的壶钮开始，经过壶盖、壶身至壶底，连贯通畅的线条将整器分成十六等份，纹理清晰，突起的块面饱满生动，丰腴而不臃肿，其形态犹如菊瓣，壶嘴从筋纹块面中突出，过渡自然；壶把曲中带方，右上方突起一短柄，端握便利，口盖既合缝又"通转"，随意旋转置换都面面俱到，十分严密，且通体协调、气势连贯，翻转壶身，底部凹凸处理成菊瓣状，既放置平稳，又足见匠心。

  王寅春（1897—1977），祖籍江苏镇江，父辈定居宜兴川埠上袁村。13岁拜制壶艺人金阿寿为师，开始求艺生涯，三年满师后，帮窑户制坯当客师，24岁后在家自产自销紫砂壶。因手艺好，上海客户纷纷定货，并赠"阳羡惜阴室王"印款盖于壶底，名闻沪上。后由宜兴蜀山切玉圣手金石书画家潘稚亮刻"王寅春"方章相赠，宝爱此印，一生一直用此章钤于壶底。用这方印钤于壶底。

竹段松梅壶

近现代
朱可心制
高 102mm 口径 101mm
南京博物院藏

　　朱可心擅长花货造型，喜以松、竹、梅为题材，所作茗壶，法度皆宜，意趣盎然，神韵俱佳。此壶为可心老人盛年时期所作，在形、神、气、态上细细品酌即可体会出创作者不同的制壶技艺，该器线条流畅，竹叶舒展生动传神，梅花力量感十足，把玩手中不禁心神怡然。

　　朱可心（1904—1986），原名恺长、恺大，后取名可心，取意于"虚心者可师，壶中水清心"，故名之，宜兴蜀山北厂人。15岁从紫砂名工汪升义习艺，天资聪敏，勤奋好学，善取众家之长，不拘一格，刻意求新。民国十九年（1930），受聘为江苏省立宜兴陶瓷职业学校陶器工厂指导员。1932年所作"云龙鼎"获美国芝加哥"国际赛会"优秀奖。20世纪60年代为徐海东大将60寿辰制作"万寿紫砂壶"，后徐将此壶转赠给毛泽东主席；20世纪70年代创作"梨式紫砂壶"作为礼品由周恩来总理代表我国政府赠与日本田中首相。

大梅花茶具

近现代

顾景舟制

高 152mm 口径 92mm

盖印：景舟

底印：景舟制陶

    此壶以梅干为造型设计，壶嘴呈喇叭式，出水点注顺势而出，遒劲有力，壶把乘势而起，蜿蜒苍劲，端拿舒适，壶身点缀朵朵梅花，花瓣块面饱满，纹路清晰，雕塑技艺高超，气韵高雅。全器的轮廓线条，既清新出尘，又能体现出梅枝傲骨不屈。

    顾景舟（1915—1996），中国工艺美术大师，原名景洲，别称曼希、瘦萍、武陵逸人、荆南山樵，自号壶叟、老萍。18岁拜名师学艺，20世纪30年代后期至上海制壶仿古，1954年进入宜兴蜀山陶业合作社，1956年被江苏省政府任命为技术辅导，带徒徐汉棠、高海庚、李昌鸿、沈遽华、束凤英、吴群祥等人。一生三次参加全国工艺美术代表大会，在港、澳、台、东南亚极具影响，被海内外誉为"壶艺泰斗"，作品为海内外各大博物馆、文物馆收藏。

提璧壶

近现代
顾景舟制
宽 180mm 高 145mm 口径 78mm
款识：景舟 顾景舟
选自顾景舟主编的《宜兴紫砂珍赏》

  提璧壶是顾景舟与中央工艺美院高庄教授合作创造的造型，因其壶盖面似玉璧而得名。壶体呈扁圆柱形，雍容大度，折肩缩腰，壶盖外周突起圆环似玉璧，口盖紧密合缝，扁圆钮大小得体，贯气有力；提梁方扁，微曲线造型，壶底稳妥安适。全器造型端庄周正，结构严谨。
  全器主要由精准的曲线构成，每一边线面的转折，每一接合的过渡，每一棱角的锐钝，都达到刚中带柔，和协匀称，虚实相称，节奏协调，是顾氏毕生的经典之作，更是当代紫砂壶艺材质美、形式美、功能美、意境美的全能佳作。
  盖内篆书阳文景舟长方小印，底钤篆书阳文顾景舟方印。
  1994年中国邮电部发行《宜兴紫砂陶》特种邮票一套四枚，此壶是其中之一。

鹧鸪壶

近现代

顾景舟制

高 120mm 口径 61mm

盖印：景舟

底剥款：癸亥春，为治老妻痼疾，就医沪上。寄寓淮海中学，百无聊中，抟作数壶，以纪命途坎坷也。景洲记，时年六十有九。

  作者创作鹧鸪壶，以境示人中，穷形尽相，味至无极，"择其善鸣者而假之鸣"，进而直参生命的本质。鹧鸪完全成为艺术家情感的幻化和象征，表现出艺术家深深的感伤与情怀。

莲花茶具

近现代
蒋蓉制
壶高 107mm 口径 67mm
杯高 51mm 口径 65mm
碟高 22mm 直径 134mm
盖印：蒋蓉
底印：蒋蓉

　　荷花含包着鲜嫩的莲蓬，莲蓬上栖息着活脱脱的青蛙，这是洋溢着何等浓郁的荷塘情趣图啊。作者取荷叶为嘴，采荷花梗为把，艺术地暗示了晶莹洁白的荷花的美态，让我们借助想像欣赏荷花出污泥而不染的风姿，真是"品茗遣兴人不老，自有乐趣天上无"。

　　蒋蓉（1919—2008），别号林凤，江苏省宜兴市川埠潜洛人。1995年被授予"中国工艺美术大师"称号。她创作作品技术精湛，生动具真，别树一格，成为中国紫砂工艺史上第一位女工艺美术大师。所制作品曾在全国工业会议上评为"特等奖"，并为周恩来总理出访东南亚等国家制作礼品。1956年，江苏省人民政府任命她为紫砂工艺"技术辅导"，这在当时是工艺界的一种最高荣誉。

九头南瓜提梁壶

近现代

汪寅仙制

九件套组 高175mm 长135mm 宽130mm 容量600cc

底款：汪 寅仙

　　九头南底提梁套壶，以优美的南瓜造型为壶的主体，壶的提梁设计为美而自然的瓜藤造型，别具风采，整体格调高雅，是紫砂壶艺术的完美展现。

　　紫砂器的成套作品，制作难度都很大，件数越多，难度越高，工艺上要求泥色、泥料、造型风格一致，做工精湛统一，对窑火的控制更要一丝不苟。汪寅仙为了创作这套茶具，她特别选用红泥及墨绿泥两种紫砂原料，墨绿泥作托盘，衬托杯子既不抢色，又显稳重大方。壶的身筒作瓜棱状，符合南瓜特点，是细节的真实展现，瓜蒂、瓜叶作壶嘴、壶盖结构合理。藤蔓和瓜叶生长自然，生气盎然，杯子呈半个南瓜形状，形态别致，碟为瓜叶造型。汪寅仙的组合茶具作品少，九头南瓜提梁壶，就更是珍稀的传世杰作了。

　　入选2019年中国邮政与葡萄牙邮政联合发行《中葡建交四十周年》纪念邮票。

　　汪寅仙（1943—2018），女，汉族，出生于江苏省宜兴市丁蜀镇。中国工艺美术大师、中国陶瓷艺术大师、研究员级高级工艺美术师、中国第一批国家级非物质文化遗产项目宜兴紫砂陶制作技艺代表性传承人，是紫砂界德艺双馨的艺人。她从艺60多年，曾获得过全国劳动模范、全国"三八"红旗手等荣誉称号，严谨的创作作风和光货、花货俱佳的紫砂技艺，让她在业界有口皆碑。

大师名作

名作惠新印 继踵大师风

第二篇章

徐汉棠

　　1932年出生于宜兴，1952年师从壶艺泰斗顾景舟。1975年入宜兴紫砂工艺厂研究所从事紫砂造型设计研究，1985年调入宜兴紫砂工艺二厂担任研究所所长，长期带徒直至退休。从事紫砂艺术已70载，至今共创作设计紫砂作品三百多件套，风格洗练精巧、端庄秀丽，蜚声海内外。荣获"工艺美术行业从事工作30年荣誉表彰"、"中国工艺美术终身成就奖"、"中国民间文化杰出传承人"第三届"江苏慈善奖"最具爱心慈善捐赠个人、"中国好人"、"100位改革开放文化产业领军人物"等荣誉称号。

双色提均壶　　　　　　　　　　　　　　　　　　　　　　1976年制

　　此壶运用红，黑双色泥料，红与黑布局恰当，显出此壶的精神。线形干净利落，形态变化微妙，壶嘴有灵动之感，钮的圆型与提梁的圆形相互呼应。

　　此壶造型古拙，端庄，大气代表作者的创作态度

壶底款　　　　壶盖款　　　　壶盖款

徐秀棠

1937年12月出生于江苏宜兴，现任宜兴长乐弘陶艺有限公司技艺总监，正高级工艺美术师、中国工艺美术大师、中国陶瓷艺术大师、中国美术家协会会员、江苏省文史研究馆馆员、国家级非物质文化遗产项目代表性传承人、江苏省陶瓷艺术委员会名誉会长等。获全球中华文化艺术薪传奖，中国工艺美术终身成就奖，中国陶瓷艺术、设计、教育终身成就奖，江苏省十大中华文化人物，无锡市十大杰出本土人才等。

灵豹壶

长 165mm 宽 120mm 高 108mm 470cc

灵豹壶设计灵感源于豹，是仗气使性之作，有如飙然而出勇猛的"豹子头"，以其充沛的阳刚之态，健美的奔跃之姿，给人全新的审美愉悦。它的口盖以眼珠的圆球作榫合，打破了上平下平的一贯手法。把握摩挲，不禁为之凛然，是造型与实用融为一体的紫砂艺术。

壶底款　　壶盖款

中国工艺美术大师，第三届亚太地区手工艺大师，国家级非物质文化遗产项目紫砂陶制作技艺代表性传承人，第五届中国工艺美术大师评委。

师从紫砂名师吴云根。从艺六十余年，先后创作了"诗意系列""人体系列""乡愁系列"等作品，原创多达200余款，其艺术"包前孕后"，中西合璧，开百年新风，使紫砂壶艺从传统文人壶上升到哲思境界。其在技艺上开创了"吕氏绞泥"技艺，填补紫砂装饰空白；提出"功在壶外""花货不花，点到为止"等观点，成为紫砂艺术史上具有创新意义的创作美学思想。2019年荣获"中国陶瓷艺术、设计、教育终身成就奖"。

吕尧臣

海之恋 五件套组

长190mm 宽120mm 高115mm 容量500cc

碧水银沙天一色，木棉椰影凤凰花。热烈明媚的南国七彩风情，给长期生活在太湖之滨的吕尧臣带来新鲜感。饭后他常常到海边散步，时不时捡到一些色彩斑斓的贝壳，更能遇到渔民兜售捕获的奇形异彩的海鱼……面对浩瀚的大海，一贯向往自由的他，情不自禁吟起那句诗："海阔凭鱼跃，天高任鸟飞。"于是，一个绚烂构思在他心头升起，热情奔放的《海之恋》由此而诞生。

《海之恋》壶身宛如两枚贝壳上下倒扣而成，不规则状流线造型充满现代感，更为大胆的是绞泥的运用，吕尧臣任由那些浪漫色彩在壶体上流淌，对比强烈，弧度夸张；再配上一尾斑斓的小鱼为壶钮，仿佛给壶上的色彩注入生命力，作品顿时生机盎然。与壶相配的杯子，也以贝壳为原型，杯子采用与壶身相同的绞泥色调，形成统一的整体感。"海阔凭鱼跃"，吕尧臣以自己的方式表达了对自由的积极向往，对生活的豁达乐观，对生命的尊重赞美。

壶底款　　　　壶盖款　　　　壶把款　　　　壶把款

100

李昌鸿

中国工艺美术大师，中国陶瓷艺术大师，正高级工艺美术师，江苏省美术家协会会员，江苏省陶瓷艺术委员会顾问，中国文化管理学会中国紫砂文化研究员，中国工艺美术终身成就奖。

1937年生于宜兴丁蜀镇，1955年进紫砂厂师从顾景舟，历任厂技术辅导、车间主任、技术科长、技术生产副厂长、总工艺美术师。1993年创办紫砂合资企业，为培养紫砂专业技术人才刻苦工作。夫妇合作"竹简茶具"荣获1984年德国莱比锡国博会金质奖，多件作品屡获全国金、银奖并被国家级博物馆珍藏。出版多本紫砂专著。曾与顾景舟及师兄合著《宜兴紫砂珍赏》；参与吴山教授《紫砂辞典》写作；夫妇合著《出入表时·誉越远亨》纪念恩师百年诞辰。受邀参与"悲鸿大师十二生肖"壶制作，作品被珍藏在"徐悲鸿纪念馆"。

颂红舟

长 108mm 宽 198mm 高 90mm 容量 400cc

作品壶身以狭长形的船造型为主体，壶口面两边刻写："红舟百年不忘初心，党旗信仰坚定不移。昌鸿题颂红舟。"壶把以挺拔的风帆作为把手，起势昂扬有力充满精气神，供爱壶者珍藏。

壶底款

102

中国工艺美术大师，中国陶瓷艺术大师，正高级工艺美术师，中国艺术研究院紫砂研究院执行院长，中国美术家协会会员，中国工艺美术学会第三届常务理事，江苏省对外文化交流协会理事，江苏省工艺美术学会第五届执行顾问，江苏省宜兴紫砂工艺厂总工艺师。

1946年生于宜兴蜀山，字乐人，室号醉陶斋。1959年进厂，师从著名艺人谈尧坤、诸葛勋、范泽林学习陶刻；1962年转师老艺人吴云根门下学习制壶技艺；1965年拜著名陶刻家"国家名牌手"任淦庭先生为师，习艺陶刻和创作；1975年进修中央工艺美术学院，江苏省陶瓷美术培训班，后致力于紫砂艺术的创作研究。从事紫砂陶艺六十载，极深研诸名师技法，集各派之精华。作品集紫砂造型设计、制作、陶刻装饰，诗、书、画于一体的表现形式，注重以文化主宰紫砂艺术设计的思路，形成了鲜明的艺术风格，在紫砂艺林中别树一帜，多次出版个人专著。

作品数十次获国内、国际金奖。连续五届获"全国陶艺创作设计评比"一等奖，两次入选"日本美浓国际陶艺展"，多次主办个人紫砂艺术展览，作品被中国国家博物馆、中国美术馆、故宫博物院、中南海紫光阁、南京博物院等多家博物馆收藏。

曾先后担任江苏省宜兴紫砂工艺厂、宜兴方圆紫砂有限公司副厂长，总工艺师。宜兴紫砂行业协会副会长，宜兴紫砂鉴定委员会会长，哈尔滨师范大学美术学院特聘教授，南京艺术学院美术学院聘任陶艺课教授。1996年被江苏省人民政府授予首届"江苏省工艺美术大师"称号，2003年被中国轻工业联合会授予"中国陶瓷艺术大师"称号，2006年国务院委托国家发改委授予"中国工艺美术大师"称号。

鲍志强

紫玉琮韵壶

长 180mm 宽 150mm 高 185mm 容量 600cc

壶钮设计成玉琮，器型规整，厚薄均匀，边角端正，轮廓分明，在成型过程中，无论是整体的造型，竖槽横槽的考究，还是独特的纹饰，都匠心独具，再现了古玉器给人神秘的美感。玉琮是良渚文化遗物，中国古代有玉璧祭天，玉琮祭地的礼制。这把壶的巧妙之处便在于玉琮为盖钮，盖体设计为玉璧。琮璧相交，天地为合。壶体则是方中寓圆，圆中有方。老子说："万物负阴而抱阳。"这把玉琮提梁壶，既"负阴"又"抱阳"。无论是壶盖、壶身上，我们都能够看到阴的象征与阳的符号，都能体味到阴柔与阳刚的结合。

| 壶底款 | 壶盖款 | 壶盖款 |

顾绍培

中国工艺美术大师，中共党员，正高级工艺美术师，中国美术家协会会员，中国工艺美术学会会员，中国陶瓷协会会员，中国工业设计协会会员，江苏省非物质文化遗产代表性传承人，中国艺术研究院紫砂研究院副院长，第七届中国工艺美术大师评审委员。现为中国宜兴紫砂博物馆鉴定委员会委员，宜兴方圆紫砂工艺有限公司副总工艺师。

从业紫砂六十余载，集各派之精华，融艺术个性于一体，形成方中有变、圆中寓新、刚柔相济的技法。在陈设器和实用器上均有高深造诣。曾获德国莱比锡国际博览会金奖、中国工艺美术品百花金杯奖、首届中国工艺美术华艺杯金奖，二十多次获省、国家级工艺美术评比大奖，数十件作品被博物馆收藏。

1985年，顾绍培被全国总工会授予"全国优秀科技工作者"称号和"五一"劳动奖章，2013年4月荣获"十佳劳模创新工作室"。2006年12月被授予第五届"中国工艺美术大师"荣誉称号，2008年11月被认定为江苏省非物质文化遗产"宜兴紫砂陶制作技艺"代表性传承人。2019年10月，中国陶瓷工业协会授予"中国陶瓷艺术、设计、教育终身成就奖"。

高风亮节

长 150mm 宽 60mm 高 172mm 容量 400cc

正观此壶，上强下柔的壶把充满力量感，整壶轮廓线呈一"力"字造型，遒劲有力，深化了"高风亮节"之主旨。壶体造型主轴线垂直端正，壶嘴、壶把所采用的曲线，有一种竹枝摇曳的流动感。整个布局装饰少，写实与书意相结合，含蓄地表达了形意相依、气韵生动、题意贴切的艺术个性。壶身紧紧围一细竹缠绕两道，间发新枝两条，有生机勃勃之感。壶式为方，但方中有变、圆中寓新，方圆结合、刚柔相济，体现了作者紫砂艺术的个性。竹，代表的是"高风亮节"，人们爱竹，从中寄托理想，陶冶情操，满足审美需求。无论是诗词歌赋、传说典故，中华文脉中的"高风亮节"之精神，一定会代代相传，永济后人。

壶底款

壶盖款

壶盖款

曹亚麟

早年毕业于景德镇陶瓷学院美术系设计专业，现在中国紫砂博物馆专业从事紫砂陶艺术的研究和创作，并任副总工艺师。现为研究员级高级工艺美术师、中国工艺美术大师、中国艺术研究院中国紫砂艺术研究院研究员，江苏工艺美术学会理事，江苏陶瓷艺术委员会副主任、江苏省高级技术职称评审委员会委员。他多年来创作了许多紫砂陶艺作品，撰写了多篇学术论文，其中有许多作品和论文在海内外多家杂志和刊物上发表。多件作品被北京中南海和中国美术馆以及海内外文化机构和博物馆收藏。作品两次入选"日本美浓国际陶艺展"；曾获得国际陶艺展一等奖；多次在国家级艺术作品展中获得金银奖。

他从理论与实践的基础上，在探究古今中外各种艺术的同时，深入研究紫砂陶艺术的艺术创作规律，并不断探索实践，形成了独特的艺术理念："把握传统，镕铸文化，创新时代，追求独创。"其作品语言丰富，创意新颖，形式优美，内涵深厚，格调高雅，具有鲜明的现代艺术气息，在紫砂陶艺坛独树一帜，对当代紫砂艺术的发展产生了重要的影响。

天涯共此时壶

长 150mm 宽 120mm 高 80mm 容量 360cc

该作品是根据唐诗"海上生明月，天涯共此时"之诗意创作而成。在悠久漫长的中国文化历史中，中华民族的炎黄子孙对月亮具有一种特殊的感情，许多文人雅士以月亮为题材赋诗书画，留下了许多千古绝唱，为月亮注入了丰厚的文化内涵。作者把"月亮"做成了壶身，以绞泥表现了彩云追月的意境，自然而浪漫。壶钮设计成小兔更显生气，壶把置于"云"上，似一轮圆月。整个作品新颖别致，清新自然，大气浪漫，具有强烈的现代艺术气息和深厚的中华民族文化内涵。作品愿天下人都能安享团团圆圆之天伦之乐。

壶底款　　壶盖款

中国工艺美术大师，中国陶瓷艺术大师，中国工美行业艺术大师，研究员级高级工艺美术师，中国艺术研究院紫砂研究院学术顾问，中国美术家协会会员，中国手指画研究会终身理事顾问，江苏省陶瓷艺术委员会顾问，江苏省级非物质文化遗产项目代表性传承人，中国陶瓷艺术、设计、教育终身成就奖。

1945年6月生于宜兴蜀山南街陶艺世家，从小耳濡目染接受艺术熏陶，1958年进江苏省宜兴紫砂工艺厂，师从任淦庭先生。从艺六十多年，对紫砂艺术和书画艺术研究颇深，作品洗练隽永、厚积薄发，基本功扎实，多次获国内外奖项。曾获全国陶瓷创作设计评比一等奖、西湖博览会金奖、太湖博览会金奖。作品被美国洛杉矶艺术馆、亚泰博物馆、国家博物馆、中南海紫光阁、天津博物馆、故宫博物院收藏和展示。先后和多位书画艺术大师合作交流，受到他们的赞誉。参加中国首届全国刻字展、中国美协第16届国际美术特展、全国手指画提名展。先后在广州艺术博物馆、潮州仰山楼、北京中国工艺美术协会珍宝馆、江苏省美术馆、美国洛杉矶艺术馆举办个人艺术展。2014年10月创立"毛国强紫砂艺术馆"。

松峰云壑双耳对瓶

长 220mm 宽 80mm 高 320mm

此对瓶造型简洁明快，线条流畅，端庄浑厚，画面山水着意表现宏观气势，刻出苍茫的巨壑，深谷危岩，力求效果的张力，瓶身刻绘群峰云松图，形象生动，构图饱满，意境清高幽远。色彩苍翠华滋，云秀、峰险、石怪、松奇、谷幽，山势雄伟，细节刻画精炼，让人如见千山万壑，争雄竞秀。通过透视、俯仰结合来表现全景式的场景，多层次、多维度地展现山峦博大沉雄的力量和广阔深远的空间，立身在画面外，存心于画面中的造境，立意要"不落古人窠臼"，化古为今，强调视觉的冲击力，在用笔、用刀的气势和意韵中，把画面的表现视作个人品质的写照。

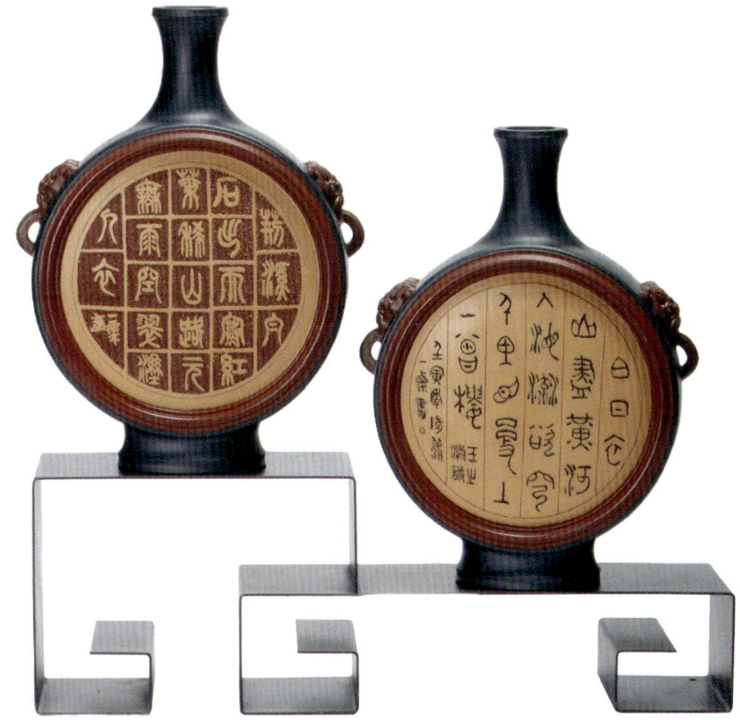

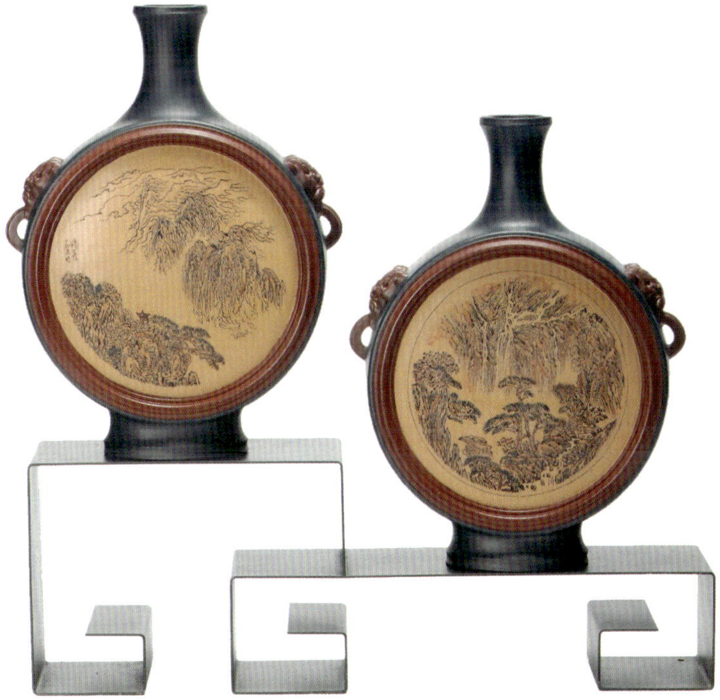

吴 鸣

江苏宜兴人。正高级工艺美术师，中国工艺美术大师，中国陶瓷艺术大师，联合国教科文组织国际陶艺学会会员，中国美术家协会会员，《江苏陶艺》主编。

其作品连续三次入选"日本美浓国际陶艺展"，并获评委特别奖。多次应邀出国讲学，作品被中国美术馆、国家博物馆、文化与旅游部、中南海紫光阁、夏威夷大学、夏威夷文化基金会等机构收藏。最早全方位进行现代紫砂创作研究，融合传统，演绎现代，关注未来，自成风格，对现代紫砂创作有积极影响，被誉为"紫砂现代陶艺先河""新流派"，已出版多部个人专著。

相敬如宾·琴瑟相谐

高 145mm 容量 1080cc

相敬如宾·琴瑟相谐为举案齐眉系列中的两件。

作品以双身筒连接成为壶体，有盖、有嘴、有把，保留了壶的基本要素，以现代理念构造壶式，寓举案齐眉之态，意在拓展紫砂创作的当代性、可能性。

112

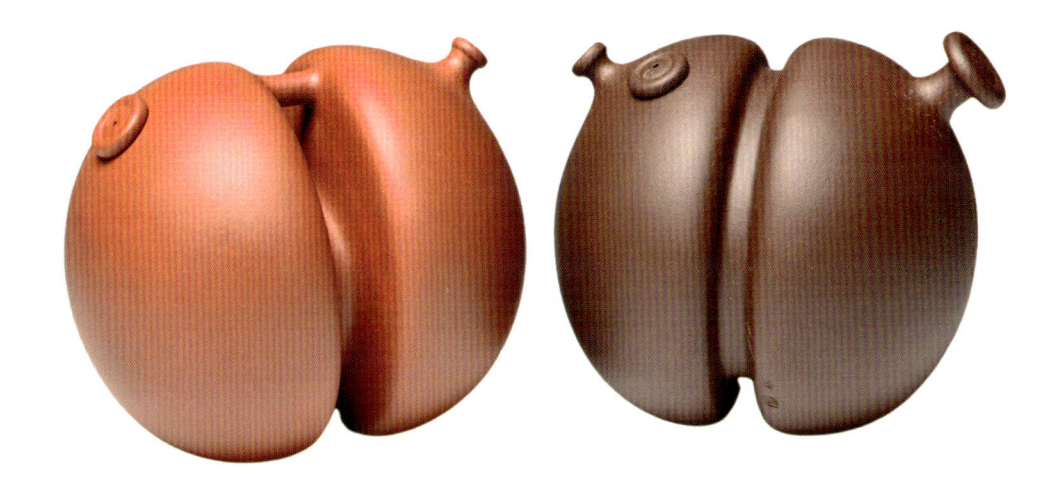

季益顺

中国工艺美术大师、中国陶瓷艺术大师、中国工美行业艺术大师、正高级工艺美术师。17岁进入江苏省宜兴紫砂工艺厂，后拜研究员级高级工艺美术师高丽君、王小龙为师，花器、素器兼修，在传统的紫砂花器里摹古追意。通过进入中央美院的进修学习，而立之年，创新之作迭出，以自然生态的景象作为创作的灵感，妙趣横生。凭借金丝镶嵌与五色土填充，以及古代宝石镶嵌等复杂技艺，让作品更多地体现其本身的工艺与创意。

一路繁花

长 180mm 宽 103mm 高 126mm 容量 400cc

此作形似花篮，装饰传统花纹，镶嵌宝石、金丝，寓意包罗万象。又似一艘船只，一路繁花，前程似锦。壶身造型和提梁组成了一个椭圆形，壶盖和壶口形成了一个平面，沿着盖、口装饰，将传统文化的元素点缀其中，营造出立体的空间感，壶身之"花"体现在其造型和装饰，凹线和曲面组成了一朵四瓣的花型，金线镶嵌勾勒如岁月飘过的歌，宝石点缀了花的芬芳，不同的泥色描绘了似锦的季节。从"趣"到"妙"动态的变化，注重"惟妙"的深刻表达。

壶底款　　　壶盖款

何道洪

何道洪（山蜀），1943年1月生于江苏宜兴丁蜀镇，中国工艺美术学会会员，研究员级高级工艺美术师，中国陶瓷艺术大师。获得"首届当代十大名窑特别传承奖"称号，中国陶瓷艺术、设计、教育终身成就奖。师承紫砂名艺人王寅春、裴石民，并深造于中央工艺美术学院，在紫砂艺苑创立了以敦厚、力感为"神韵、气质、艺趣"的"何氏风格"型式。2000年1月出版个人专集《珍壶藻鉴》，2022年鼎馨壶入选首届"我最喜爱的当代宜兴紫砂壶十大器型"。

仿古壶

长 160mm 宽 110mm 高 75mm 60-70年代作

此壶是何道洪精品力作之一，此壶采用了原矿紫泥制作而成，线条简洁，器型光素，饱满的壶身古朴浑厚，流把钮精巧灵秀，圆珠形壶钮，圈足壶底，各部组合成壶，一器合成。就可以看出壶中每一处都透射出一种力度，显得豪放、大气、遒劲，令人观壶则心生震动之感。

底款印章"中国宜兴"，盖款"道洪"，壶器气势挺拔，跌宕别致，妙成的特色风格，让人百看不厌，越玩越有味，越玩味越足，直至痴迷于紫砂艺术作品之中。

壺底款　　壺盖款

曹婉芬

1940年出生于蜀山镇陶业世家，从小耳濡目染紫砂艺术的熏陶，对紫砂器皿的博制有着特别的感情。

1955年以紫砂艺术花货泰斗朱可心为师，三年学徒打下了全手工制作技法的扎实功底。历经带徒实践、中央工艺美术学院培训，有缘受到裴石民、王寅春、顾景舟等大师、名家的传教，艺术素质得到升华。从业五十多年以来，造就了集各家所长之能，立承前启后之本，创自成一格的艺术特色。一生潜心于紫砂造型设计的研究和制作，创新设计数百件（套）作品，既不失历史传统文化，又融入了时代文化的理念，在国际及全国陶瓷评比中屡屡获奖，多件作品被国务院紫砂阁、中国工艺美术馆等收藏，作品多次赴东南亚各国及中国港台地区展示受到海内外人士的青睐和较高的评价。

1990年为传承紫砂全手工制作技艺率儿女范建军（高级工艺美术师、江苏省工艺美术名人）、范建华（高级工艺美术师）、陆君（工艺美术师）、费寅媛（工艺美术师）创立苑林阁紫砂艺术工作室。

竹海提梁壶

长 300mm 宽 250mm 高 280mm 容量 3000cc

江苏宜兴盛产竹，享有"竹的海洋"之美誉，作者以竹为题材，用茂盛的竹枝围成壶体和茶杯，竹节提梁产生雄伟的张力，使整个造型产生生机勃勃的原生态之感。

| 壶底款 | 壶盖款 | 壶盖款 |

1944年生于江苏省宜兴市丁蜀陶业世家，现为研究员级高级工艺美术师，江苏省工艺美术大师，中国陶瓷艺术大师，无锡市非物质文化遗产传承人，宜兴市"德艺双馨"艺术家，中国陶瓷艺术、设计、教育终身成就奖获得者。

1958年进入宜兴紫砂工艺厂，师从著名老艺人王寅春先生，开始步入紫砂艺术殿堂，在其门下专业系统学习紫砂成型制作手法，埋头苦练基本功，刻苦钻研紫砂传统操作技法，为日后技艺的提升打下了坚实的基础。20世纪70年代初，正式拜当代壶艺泰斗顾景舟为师，专攻全手工传统制作技法。经大师悉心指导，耳提面命，包括从泥料选矿、手工练泥、空手货全手工成型、壶体的造型设计、工艺装饰，到作品烧制及火候温度的掌握等一系列顾派独门工艺流程，深得真传，熟谙精要。1983年结业于中央工艺美术学院造型设计专修班。

张红华

雅竹提梁

长 180mm 宽 150mm 高 200mm 容量 600cc

本作品取名"雅竹提梁壶"，由本人原创制作，创制灵感来源于宜兴著名景点竹海风景区。广阔茂盛的竹林可谓是竹的海洋，令人心旷神怡。灵感油然而发，可否用粗细不同的竹节和大小不一的竹面制作一把有观赏价值的紫砂作品呢。

从造型美观和制作方法各种方面思考。大胆创新三弯嘴造型，运用两种不同线条的秀竹构成具有张力的提梁壶把，让作品更添柔和动感，在形体线条产生变化的同时又符合使用功能。本作品泥料为青段泥全手工所制，为表达大自然之美，壶身、壶盖的点缀用百媚千姿的梅花来表达，故将此壶称为"雅竹提梁壶"。

壶盖款　　　壶盖款　　　壶盖款

范永良

1943年出生于江苏省宜兴市丁蜀镇,现为中国陶瓷艺术大师,研究员级高级工艺美术师。1958年进宜兴紫砂工艺厂,拜七大老艺人花器泰斗蒋蓉为师,深受师傅的艺德、艺品的渲染和影响,深得师傅真传,技艺功底扎实。作品以花器为主,讲究形、神、气的表现,重视传统审美和现代审美的结合,是传统类花器的代表人物。1980年,参与创办江苏省宜兴紫砂工艺二厂。1986年至今,历任宜兴市技术职称评委、江苏省轻工业厅、江苏省陶瓷同行业新产品评比评委。紫砂壶光素器、花塑器、筋纹器三大类作品的手工制作技艺全面,尤其擅长象生派紫砂花器传承与创新,是紫砂花器蒋蓉流派的主要传承人。六十余年紫砂春秋,身体力行,坚持手工制壶传统技艺,在继承的基础上有所创新。2019年荣获中国陶瓷艺术、设计、教育终身成就奖。

花生壶

长 170mm 宽 120mm 高 85mm 容量 360cc

象生派紫砂艺术的一个重要理念,就是在造型设计时,既要"具象",又要有丰富的"抽象"想象力,不但要"形似",更要"神似"。作品以日常生活中的"花生"为题材设计创作,形似花生,实是茶壶,作品造型生动,在一颗"大花生"的壶身上,藤蔓自然卷曲成把,壶身绿叶迎风,增添无限生机,两节小花生与壶钮自然协调,紫砂段泥天然的色泽,洽与花生之外表相配,以传统的"调砂"工艺,反映了紫砂材质之美。作品以紫砂手工制壶技法制作,再利用手工工具,一点一点压出花生的肌理效果,细腻的表现手法,加强了艺术感染力。

壶底款

122

陈国良

1954年生于丁蜀镇蜀山南麓，从小受陶业和紫砂技艺的熏陶，耳濡目染。初中毕业后，1972年随何道洪师傅学艺三年，后从事花盆生产，在顾绍培、潘持平师傅身边，受益匪浅。

1982年，在生产车间与内人恽贤君转作制壶，携手共进，本人在车间兼作打母模和制作工具。

1986年，在厂艺徒培训中心任带班老师；1991年，担任培训中心总监；1993年，后进厂研究所专心揖志，从事创新研究。

在紫砂行业已从事五十余年，其中：1983年和1989年两度进修《陶瓷造型》专业课程；2008年获"研究员级高级工艺美术师"职称；2011年获"江苏省工艺美术大师"；2016年被轻工业联合会、中国陶瓷工业协会授予"中国陶瓷艺术大师"称号。

佛手石瓢壶

长165mm 宽120mm 高81mm 80-90年代作

此壶是陈国良精品力作之一，此壶以佛手为题材，壶身为传统石瓢器型，端庄稳重，刚中有劲，敦实调和。壶身呈梯形，型态雅致，舒展挺拔，底部以三足将壶撑起，流把作枝干状，贴塑瘿节疤痕装饰，壶把底端分为两段，一段接连至壶身延展成树枝，绿叶灵动飘逸，佛手小巧可爱，纹理筋络清晰逼真。壶钮雕塑成一只佛手状，盖面接连处胥出枝干和绿叶，仿若生长于其上，提拿方便。

底款印章"陈国良制"，盖款"陈国良"，观此壶，玩味之意无穷无尽，精致非常，令人爱不释手。采原矿段泥制成，泥色古拙，与佛手元素相契合，更显老味。作品取材佛手，被称为"果中之仙品，世上之奇卉"，也寓意着多福多寿。整壶制式精妙，兼备实用性和观赏性，是当代经典的紫砂花器精品，值得收藏。

壶底款　　　壶盖款　　　壶盖款

陈建平

1979年毕业南师大美术系，1992年随工艺美术大师徐秀棠学艺。现为中国陶艺大师，研究员级高级工程师，中国艺术研究院紫砂研究员，中国美协江苏分会会员，宜兴雕塑协会顾问，无锡工艺学院客座教授，江苏省政协第九、十届委员。陶艺作品先后被中南海紫光阁、香港大公报、台湾佛光山佛陀纪念馆、广东博物馆、韩国国家陶艺协会和中国城市雕塑博物馆、中国陶艺家行业协会收藏。

君子念间组壶

清音 长 156mm　宽 100mm　高 80mm　容量 300cc
虚空节实 长 180mm　宽 150mm　高 90mm　容量 300cc
寒音 长 150mm　宽 110mm　高 100mm　容量 300cc
拂影 长 160mm　宽 115mm　高 100mm　容量 300cc

以竹为媒材，立意为虚空、节实、清高、谦逊的君子之范捏塑一组隐喻君子之交的砂壶。每壶在适当的位置处置于一空间，塑一仙风道骨的老者和柴烧窑变的肌里壶面形成对之无言，静默相视的形态关系来构画成别具一格的砂壶系列。在朴素，寂寞，素面素心的相互关系中，隐喻文人以竹为投射的寄语：高洁、淡泊、飘逸、朴实无华之风范来规范自己，从而相守秉持风清味正的茶事而传续他人。壶是朴素的，老者是智慧的，不乞求外表的浮华和精巧，我想这才是紫砂创意之大道，同时更显竹之直立，挺拔之精神！

| 壶底款 | 壶底款 | 壶底款 | 壶底款 |

| 壶盖款 | 壶盖款 | 壶盖款 | 壶盖款 |

储集泉

江苏宜兴人，中国陶瓷艺术大师，研究员级高级工艺美术师。

从事紫砂陶艺已四十余载，并二度深造于中央工艺美院（现清华美院）；并曾任陶瓷博物馆紫砂艺术研究所首任所长。其紫砂造型技法多样，在造型与装饰及整体、审美把握上有独到见解，且形成个人独特风格。作品曾参加国内外展及个人专展；作品和人物介绍入编宜兴市中小学陶艺教材和清华美院教材。现任多所高校兼职教授和陶艺建设指导，并积极投入于丁蜀成校（江苏省陶瓷实训基地）与高校联办的本、专科陶瓷艺术方向的主干课程教育工作及参与工艺美术职称培训教育和任评委，二次任全国陶瓷及70周年国庆陶瓷展评评委；兼天津感光空间现代雕塑院荣誉院长、无锡前进书画院副院长，农工党江苏省书画院副院长。2018年主持的紫砂工作室获颁"江苏省社会教育·名师工作室"，陆续出版《储集泉作品集》（香港大世界出版公司）、《储集泉紫砂艺术》（上海人民美术出版社）、《由器而道—紫砂壶造型与装饰》（人民美术出版社）。

二泉映月

长 160mm　宽 67mm　高 112mm　容量 320cc

此设计是我原创的民乐主题创作系列之一，源于民族音乐器乐曲《二泉映月》，以二胡、音符、月、泉、五线谱、斋钵等为元素，刻意以紫砂黑砂土作色泽基调，在抑扬顿挫的线条对比组合中，力图以紫砂器的形式诠释，再回味阿炳坷坎多难的人生及不泯的向往与不朽长存的音乐。

此设计仍以紫砂器的功能效用为载体，在体现设计追求的同时，最大限度上保留了紫砂的儒雅、温存及使用性，与视觉平衡和稳定性。

此款设计曾获江苏省文联暨工艺美术"大阿福奖"金奖，以及中国传统工艺美术精品展（北京工艺美术馆）铜奖。

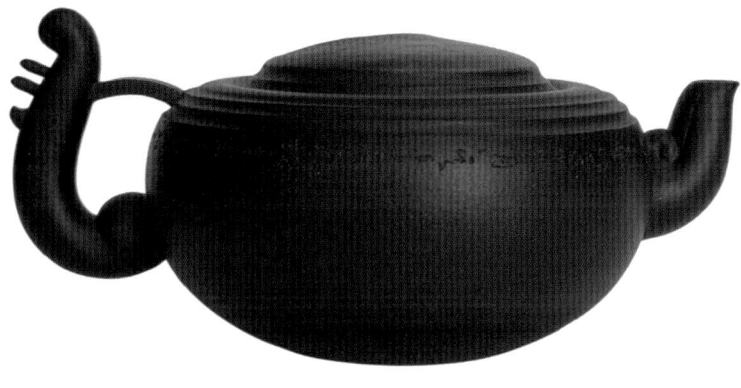

壶底款

壶盖款

壶盖款

正高级工艺美术师，中国工艺美术大师，中国陶瓷艺术大师，中国工美行业艺术大师，江苏省工艺美术行业协会副秘书长，江苏轻工"大国工匠"，中国首位获得奥林匹克顾拜旦金质奖章的艺术家。

中国民建会员、江苏省政协委员、中国美术家协会会员、中国文联民间文艺家协会会员、中国艺术研究院紫砂研究院研究员、江苏省工艺美术行业协会陶艺专委会副主任、江苏省武术家协会副会长、江苏省"五个一批"杰出人才、中国艺术研究院紫砂研究院首届名家高研班导师、清华美术学院全国艺术理论与工艺美术紫砂艺术专项研修班导师、江南大学艺术学院硕士研究生导师、南京大学特聘教授并创立"南京大学创新俊杰奖学金"、交通银行私人银行私享荟文化大使、第一个走进联合国总部举办展览的中国紫砂艺术大师。获得第九届华人榜"华奖"传承奖，作品获得中国文联民间艺术最高奖"山花奖"。分别在井冈山、延安、乌兰浩特、葫芦岛建立了四所"俊杰希望小学"。

吕俊杰

骏程万里·风　九件套

长 400mm　宽 220mm　高 115mm　容量 500cc

万里腾云，一马当先。

虽然马是艺术世界里常见题材。吕俊杰的"骏程万里·风"突破传统紫砂塑器以写实为主的创作思路，借鉴国画大写意手法，整体写意与局部写实相结合，将奔腾中的骏马化作一组套壶。该作品壶流若直奔向前的马首，壶把飞扬似马尾，以写意手法通过饱酣的线条勾勒出奔马雄骏的身姿，壶的视觉中心是壶钮——一具精细写实的马鞍！"鞍马四边开，突如流星过。"作品将骏马风驰电掣的磅礴气势淋漓尽致地和盘托出，充分展现了线条美与力量美。八只杯子，与主体壶组合一体，在人们眼前呈现出群马争先，疾驰草原的壮阔场景。在中华文化中，马是奋斗不止、自强不息的象征，马是吃苦耐劳、勇往直前的代表。"骏程万里·风"套壶写意写神，展现了万马奔腾的气势，快马加鞭的劲头，一马当先的勇气，鲜明生动地体现了当代紫砂壶艺的创新精神。

壶底款　　壶盖款　　壶盖款

葛 军

博士，教授。中国工艺美术大师，中国陶瓷艺术大师，中国陶瓷设计艺术大师，中国工美行业艺术大师，中国美术家协会会员，中国艺术研究院研究员，中国陶瓷科技事业有突出贡献专家，中国陶瓷文化研究所紫砂文化研究中心主任，联合国教科文组织认定国际著名陶瓷文化艺术大师。

风姿

长 230mm 宽 110mm 高 68mm 容量 400cc

迎风舒展，媲美争艳。打破常规，以壶的形态来比拟迎风舒展的姿态，风吹袅娜，同时以色饰法作为点缀，由深至浅，描绘出风的走向，出人意料却又生动形象。整壶款型优美，线条流畅，韵味十足。流、钮、把整体比例协调，同时独特有趣。泥料易于泡养，手感舒适。

壶底款　　壶盖款

中国陶瓷艺术大师，正高级工艺美术师，中国美术家协会会员，中国工业设计协会会员，中国陶瓷工业协会艺术委员会常务理事。1952年生于江苏金坛，1976年毕业于江苏省宜兴陶瓷工业学校，四十多年专业从事紫砂艺术品的创作、研制、教学工作。作品风格在中国工艺美术界和陶瓷届和而不同、卓尔不群，得到行业内的肯定和赞许。三十多次荣获全国性艺术评比的金、银、铜奖项，作品连续两届入选第十、十一届全国美展。1990年创写"新爨体"荣获全国最高奖项，并被国家作为新字体使用。多篇专业学术论文在全国核心刊物发表；多件作品被国内外博物馆、艺术馆收藏。

王亚平

四君子系列壶

长 90mm 宽 110mm 高 170mm 容量 580cc
长 100mm 宽 215mm 高 100mm 容量 750cc
长 90mm 宽 175mm 高 135mm 容量 580cc
长 100mm 宽 215mm 高 130mm 容量 750cc

壶体造型以直线方形组合构成。

在实用的基点上尽可能体现"简练、明快、单纯、严谨"的设计理念，从而达到充满精神和生命力。

壶体的装饰、配置"梅开五福""兰香四溢""安竹报平""寿菊延年"的书刻，空可走马，密不通风，打破传统的陈规壶刻手法，寻求形式美，赋予壶刻书法的形神意趣。

2010年荣获"第九届全国陶瓷艺术设计创新评比"银奖。

壶盖款　　壶盖款　　壶盖款

华 健

　　正高级工艺美术师，中国工艺美术大师、中国轻工行业劳动模范、江苏省有突出贡献中青年专家。

　　1982年进入紫砂工艺厂，师从中国工艺美术大师顾绍培，受过严格的传统工艺技能训练，择一业，终一生。经过近四十年不懈努力，守正创新，作品形成自己的鲜明风格，在传统基础上又增添了现代意味。

莲莲蹬高

长 180mm 宽 110mm 高 133mm 容量 760cc

　　莲，花之君子者也。作品以莲入壶，壶之怡神，始于作者心境，品行淡雅了然，彰显但不张扬，点点紫光环绕，香飘万里，不觉令人心旷神怡。作品造型设计上蕴含了丰富的美学概念，其形态经由点线面体组合成整体与局部的独特联系，张弛称势，古朴中亦不失灵巧生动，给人清逸脱尘、大方得体、气韵万千之感。整器线条简洁匀净，不浮躁喧嚣，将莲的清净不染精神流注于似与不似之间，正如莲花高洁之品格：处于红尘但不被红尘所染，美丽而不争艳，高贵而不居上。

壶底款　　　壶盖款

谢 强

1966年出生，毕业于南京艺术学院。1986年从艺，师从中国工艺美术大师鲍志强。现为中国工艺美术大师、全国轻工"大国工匠"、江苏省有突出贡献中青年专家、江苏工匠、江苏技能大师、江苏省级非遗传承人、江苏省"六大人才高峰"培养对象。

担任国家级课题《中国工艺美术全集·江苏陶瓷》执行主编，全国省卷预审专家，《宜兴紫砂陶》标准编制专家、学术主持，省工美协会非遗专委会副主任、秘书长，陶艺专委会副主任。

原创"中华文明"主题系列紫砂作品，并在南京博物院、人民日报社、中央党校、中国美术馆举办巡展。作品入选上海世博会江苏馆、迪拜世博会江苏周展演。获国家科技部"创新奖"，获"金鼎"等六项国家级金奖。

出版著作《紫砂品鉴》《紫砂艺术》《紫砂工艺》。

2020年起自筹经费，主持"振兴乡村经济（紫砂）导师团"公益项目，促进富民增收，助力乡村振兴。

相见欢·对语

长 450mm 宽 350mm 高 220mm
提梁壶容量 430cc 端把壶容量 400cc

本作品是"十二花神"系列之一，以七月兰花为题材，分别运用写意、写实的艺术手法创作而成，虚实对比，交相辉映。

"提梁壶"重写意，壶把由两枝空灵的兰叶抽象而成，隽永飘逸。写实的兰花壶钮在梁把虚空间半开，蕴养雅韵。"端把壶"重写实，兰、石互为宾主，刚柔并济，凌空铺兰，生机蓬勃；镂空拟石，桀骜不驯。

"提梁壶"充分考虑科学的力点关系，通过不断调整提梁壶把的长短比例、曲直走势，化解梁把因重力作用而致下垂、因干燥和烧成收缩而致变形等问题。梁把看似飘逸轻盈，实则稳定坚劲。

以不同的艺术风格表现同一主题，既有对比，又有呼应，韵致别具。

壶底款　　　壶盖款　　　壶盖款

王潇笠（王晓丽）

中国工艺美术大师，正高级工艺美术师，正高级乡村振兴技艺师，全国陶瓷行业技术能手，首批工艺美术大师传承创新基地、中国艺术研究院访问学者，中国工艺美术学会紫砂艺术委员会委员，中国陶瓷工业协会会员，河北省"三八"红旗手，江苏省工艺美术协会会员，江苏省首批乡土人才"三带"能手，江苏省绿色家庭，无锡市非物质文化遗产项目代表性传承人，无锡市"巾帼建功"标兵。

1971年生于雕刻之乡，得中国工艺美术大师卢进桥老师指教，以优异的成绩留校任教。后被推荐入清华工艺美术系深造。拜江苏省大师、正高级工艺美术师储立之为师。2012年被中国工艺美术大师陈文增收为入室弟子，2018年拜中国陶瓷艺术大师罗小平为师，是江苏省文化艺术名人库入库艺术家。她继承传统，锐意创新，作品多次荣获国内外大奖，并被中国人民革命军事博物馆、南京博物院、中国美术馆、中国工艺美术馆、美国克瑞顿大学等多家单位和个人收藏。

太极壶

长 130mm 宽 130mm 高 85mm 容量 200cc / 把

"太极壶"虚实结合，融刚柔并济之色，每一处皆传达对万事万物、阴阳两性的思考。两壶象征一阴一阳，阴壶与阳壶交相对应，又互为彼此。两种泥料，两种色泽，是身、盖、钮的交替律动。嘴把勾连，你是你，我是我，你中有我，我中有你，还原了生命最初的姿态。

壶盖款　　壶盖款　　壶盖款

松鼠葡萄壶

长 200mm　宽 100mm　高 140mm　容量 500cc

壶身为圆形，以葡萄藤与叶环绕，并长有几串葡萄。
盖为嵌盖，以藤为钮，加以多串葡萄，伴有几只小松鼠，活泼可爱，构成一幅生动的画面。
藤作嘴与把，与壶身、盖形成一个自然的整体，静中有动，贴切合理。

倪顺生

研究员级高级工艺美术师，江苏省工艺美术大师，中国工艺美术学会、协会会员，中国工业设计协会会员，中国国际艺术家协会艺术顾问，中国宜兴紫砂文化研究会理事，美国罗丹壶艺协会高级鉴定师，中国宜兴紫砂收藏鉴赏专业委员会高级顾问，山东省茶文化协会紫砂专业委员会名誉会长，天津轻工职业技术学院客座教授。

1938年，生于宜兴丁蜀镇制壶世家，俞国良紫砂第三代传人、朱可心入室弟子、宜兴紫砂非遗传承人。外公俞国良是清末民初制壶能手，在国际上得过奖，自幼随父母倪祥林、邵宝琴学艺。1954年，进宜兴蜀山陶业生产合作社（宜兴紫砂工艺厂前身），拜朱可心大师为师，亦得裴石民先生指点，学徒时"风卷葵壶"参与评比获得第一名。

壶底款

长172mm 宽95mm 高130mm 容量550cc

方圆乾坤

作品为沈遽华大师的原创作品，形制方圆组合，采以圆双线条装饰。壶嘴与壶把组合得体，从壶把面的方形到壶盖的圆形，各部件组合得体趋势。从壶身的两组双线（细线）装饰到壶底的方形结构，也别具匠心。作品也得到紫砂爱好者的广泛好评。

沈遽华

江苏省工艺美术大师，正高级工艺美术师，中国工艺美术学会会员，江苏省陶瓷艺术委员会名誉理事，中国文化管理学会中国紫砂文化研究员，中国陶瓷艺术终身成就奖。

1939年生于宜兴丁蜀镇，1955年进紫砂厂师从顾景舟，历任厂技术辅导、紫砂研究所研究员、宜兴鸿成陶艺公司总工艺美术师、宜兴昌华陶艺公司总工艺美术师。在高庄教授、顾恩师启发鼓励下，与先生们成功探索并研制出"取彩陶纹样绞坭纹表里一致的紫砂绞坭"工艺新品。连续两届被评为全国"三八"红旗手。作品多次在亚洲多个国家与地区展览，屡获全国金银奖。夫妇合作"竹简茶具"荣获1984年德国莱比锡国博会金质奖；出版多本紫砂专著；与丈夫李昌鸿合著《出入龚时·誉越远亨》纪念恩师百年诞辰；业绩被编入《当代宜兴陶瓷名家集》并载于英国"剑桥1997年名人录"。

壶底款　　壶盖款　　壶盖款　　壶盖款　　壶把款

红豆紫杉茶具

长 390mm　宽 210mm　高 310mm　容量 4500cc

  红豆紫杉茶具，是高丽君夫妇俩在 70 岁生日之年暨投身紫砂艺术五十五年而联袂创作的又一新品。作品寄情自然，崇尚绿色环保、美满人生的意境，鸟巢、雏鸟、红豆寓意紫砂事业代代传承，能培养更多更加优秀的艺术人才。

  "红豆紫杉壶"以红豆杉树段形为壶身，从壶身延伸出的干枝分别成壶嘴和把，嵌盖上设仿真象形鸟巢，雏鸟为壶钮，枝叶与红豆果分别贴塑于壶身，气韵生动，苍劲、灵动、壮硕的特大造型，令人震撼。同时，配色泽鲜艳的"龙君朱泥"红豆杯，全套用十二生肖图案装饰。我们从 2008 年初开始构思设计并不断改进，综合运用花塑器、仿生象形器等多种制作工艺，历时八个多月终于完成。这是我们与时俱进，追求"更高、更快、更强"的一次尝试。

高丽君

  江苏省陶瓷艺术大师，江苏省工艺美术大师，正高级工艺美术师，中国工艺美术学会会员，中国陶瓷艺术终身成就奖，宜兴市非物质文化遗产项目代表性传承人，无锡市非物质文化遗产项目代表性传承人，"百年王氏紫砂"优秀传承人。

  1940 年出生于江苏宜兴陶艺世家，1955 年进汤陶社（紫砂工艺厂前身）成为新中国第一届紫砂工艺班学员，师从紫砂老艺人朱可心。1957 年协助老艺人蒋蓉带班，继续学习创制新品。

  1958 年下半年独立带班担任辅导老师至 1983 年，之后到紫砂研究所创作新品并带徒，至今六十多个春秋先后培养青年艺徒三百多名，现大都是紫砂的中坚力量，并常有花器新品问世，作品深受藏家、壶艺爱好者青睐。

壶底款 　　壶盖款 　　壶盖款

长 165mm 宽 169mm 高 193mm 容量 700cc

浪花提梁

作品创作来源于1978年何挺初先生出访澳大利亚陶艺交流会之时，站在悉尼歌剧院遥望大海，激发出的创作灵感。在提梁的设计上非常大胆，弯曲前倾犹如一波浪花，大大增加了此壶的动感与力量，壶身上大下小成束腰状，使壶体显得挺拔、秀美。壶嘴与提梁的结合，打破传统作品中的一贯设计，而把提梁直接按于壶嘴之上，壶盖采用嵌盖结构，这样提梁、壶嘴和壶身用一根线贯通，线条优美、干净的同时又富有张力。塑浪花图案做壶钮，形式感甚美。整件作品为传统全手工成型工艺，充分发挥了紫泥塑形优异的特点，设计上从传统造型走向现代设计，匠心独韵。

何挺初

江苏省工艺美术大师，江苏省陶瓷大师，研究员级高级工艺美术师。

1940年生于宜兴丁蜀镇，1956年进宜兴紫砂工艺厂，师从制壶名家吴云根先生，1958年又师从名师裴石民先生，1979年随轻工部组织代表团赴澳大利亚进行陶艺交流，是新中国第一位踏上异国弘扬紫砂文化的艺人。

在从事紫砂六十年的艺术创作中，既根植于传统又融入时代风貌的作品涵盖各门类且自成一格。作品多次在专业评比中获奖，并被多家博物馆收藏。

壶底款 　　壶盖款 　　壶盖款

国玺龙壶

长 190mm 宽 110mm 高 110mm 容量 550cc

　　该形体以古代帝王之印玺为原型设计而成。壶嘴、把、钮取自龙形雕塑，与主体有机结合，既丰富了题材内容，又呈现了紫砂雕塑在光素器上的特别效果。

　　整个形体方中寓圆，雄厚大气，表达了龙的传人——中华民族伟大复兴，祖国繁荣蒸蒸日上、东方巨龙腾飞万里的美好寓意。

　　同时充分运用陶刻装饰在紫砂器皿上的作用：正面由中国书法大家欧阳中石先生亲笔题写"中国龙"，背面由故宫著名篆刻家王玉书先生篆刻印款"巨龙腾飞"，使作品更加优越完美，起到了画龙点睛的作用。

　　正高级工艺美术师、江苏省工艺美术大师、中国传统工艺大师、中国陶瓷艺术终身成就奖获得者、哈尔滨工业大学客座教授、方井紫砂研究所艺术总监。1958年进入宜兴紫砂工艺厂，师从"紫砂七老"之吴云根先生，从业至今已有六十余载，桃李满园，是现代紫砂艺人中的佼佼者。

程辉

| 壶底款 | 壶盖款 | 壶盖款 | 壶底款 |

东坡提梁壶

长 220mm 高 270mm 容量 1000cc

　　此壶是作者的一件代表作，创意构思来源于宋代大文豪苏东坡来宜兴客居蜀山制壶的传说。作品以梅作题材，在此基础上，运用对比的手法予以艺术性的处理，将老枝的苍劲与新枝的生动、疤节的粗犷与梅花的细腻、壶身的鲜亮与壶把的凝重，加以渲染塑造，增加视觉冲击力。同时，整体造型上下呼应，浑然一体。作品在全国工艺美术展评中多次获奖，并被多家博物馆（院）收藏，宜兴的"陶都"牌香烟和茶叶包装，亦以该壶作为标识图案，中央电视台，《人民日报》《新华日报》《扬子晚报》等媒体，都曾对这一作品的创作进行过报道，目前已获得国家外观专利证书。

范洪泉

　　江苏省工艺美术大师，江苏省陶瓷艺术大师，研究员级高级工艺美术师。1941年生于江苏宜兴蜀山，1956年进入宜兴紫砂工艺厂，先后师从吴云根、朱可心老艺人学艺。从艺五十多年来，心无旁骛，潜心于紫砂艺术创作。艺术风格以大气豪放、浑厚淳朴著称，尤擅大型、特大型紫砂花器的创作，1973年首创的"大型东坡提梁壶"开创了巨壶制作之先河，对现代紫砂艺术产生了积极的影响。主要代表作有"东坡提梁壶"系列、"报春壶"系列、"梅桩壶"系列、"葡萄盈筐提梁壶"、"束柴三友壶"、"仙瓢提梁壶"等。北京故宫博物院、中南海紫光阁、上海工艺美术博物馆、台湾历史博物馆、香港茶文化博物馆等处均有收藏陈设其作品。

壶盖款

壶盖款

博雅九件套组

壶 长 195mm 宽 140mm 高 88mm
杯 口径 81mm 底径 48mm
碟 口径 109mm 底径 70mm

  绿泥制作。该套紫砂具有艳不浮,彩不飘,凝重古朴、典雅纯正的泥色特点,壶体用双面线构成,造型敦厚稳重。"飞"壶把,"飞"壶钮,两相呼应,形成动感,与庄重壶型形成"静"与"动"的对比,把刚柔相济,相得益彰的壶口造型,作稍大处理,为放置茶叶,冲泡、洗涤,提供更多方便,增加了使用功能。壶体书"厚今博古,茶友良师"八字,凸显茶具的书卷气韵。"博雅茶具",将紫砂材质美、工艺美、造型美、功能美、内容美,融为一体,"五美"兼备,堪称佳构。

  此壶曾被国务院中南海紫光阁和中国国家博物馆收藏陈列,并获"第五届中国工艺美术大师作品暨工艺美术精品博览会"金奖。

储立之

  江苏省工艺美术大师,正高级工艺美术师,中国陶瓷艺术终身成就奖获得者。

  1942年生,1958年进江苏省宜兴紫砂工艺厂,同年入南京艺术学院深造,1961年毕业。经过几十年积累具备了一定的紫砂艺术造诣,并形成了个人的艺术风格,砂艺作品端庄稳重,各具特色。其论文发表于全国各大专业刊物,其作品被中南海紫光阁和中国国家博物馆收藏。

  1989年晋升高级工艺美术师职称,2005年晋升研究员级(正高)级工艺美术师,2008年由江苏省政府授予省级工艺美术大师称号,2011年由无锡市授予非物质文化遗产传承人,2016年由中国陶协授予中国陶瓷艺术终身成就奖。曾担任江苏省工艺美术高级职称评委、全国陶瓷专家评委。

壶底款

壶盖款

长 200mm 宽 160mm 高 100mm 容量 400cc

金玉满堂壶

　　此壶用紫砂优质泥制成，线面屈曲和谐，形虽扁，气度却昂，刚柔相济。壶身形象作装饰纹样，嘴是鱼嘴，把是飞把型。鱼与"玉"同音，隐喻富裕有余，吉庆有余。

　　此壶的点睛之笔就是壶钮的设计，壶盖与壶口严丝合缝，微微隆起，盖钮设计成金鱼跃起的式样，栩栩如生。整壶给人有金鱼跃出水面之感，充满富贵吉祥，巧取金鱼满塘之意，可谓独具匠心，华贵非凡。

　　"金玉满堂"就是借用金鱼的谐音，赋予年年有余的寓意。

顾治培

　　1949年生于江苏宜兴顾氏紫砂世家，现为研究级高级工艺美术师，江苏省工艺美术大师，江苏省陶瓷艺术大师，无锡市非物质文化遗产传承人，中国宜兴陶瓷博物馆紫砂艺术研究所所长。顾治培经过三十多年的勤奋钻研和创作实践，形成了以传统文化和创新技法有机结合所蕴含的形神兼备的特制壶艺绝技。创作作品200件之多，"紫砂微雕蟋蟀"作品就是利用光能充电发出鸣叫，曾获吉尼斯之最。现在，顾治培的蟋蟀微雕早享誉东南亚一带。七届连续荣获中国紫砂十大名壶，多次荣获省级、国家级工艺美术评比大奖，作品还多次被国家定为国礼。1998年南京第二届国际园林世博会获特别贡献奖；2005年9月获九三学社中央委员会优秀社员称号。可作为一名对艺术孜孜以求的紫砂艺人，顾治培心中自有一片高远的蓝天，不会让赞誉成为自己艺术思想翅膀上的系累，紫砂已负载了他整个的艺术生命。

| 壶盖款 | 壶盖款 | 壶盖款 |

直把寿仙壶

长 150mm 宽 100mm 高 75mm 容量 260cc

作品以传统吉祥长寿的寓意为主题而设计制作，在泥质上采用两种深浅不同的颜色予以表达，起到树干和果实在形色上相互衬托的作用，壶体上巧妙地从嘴角到桃的结蒂处通体连结一条流畅的曲线贯穿整个壶体，显示抛物线所产生的艺术美感。另外把的设计、形态上苍老古拙，正好和壶体相对立，但并不排斥，起到给壶体加强和衬托作用，使整体在静与动中的意趣。

韦钟云

第五届江苏省工艺美术大师，研究员级高级工艺美术师，文化部授予中国紫砂艺术大家，中国工艺美术学会会员，宜兴市陶瓷行业协会会员。

1949年生于制陶世家，1960年进宜兴丁山陶瓷公司所属单位学徒制陶，后于本厂研究所创作设计工作，其间得到中央工艺美术学校及南京艺术学院潘春芳教授等的悉心授课和指导、培训。1987年任紫砂五厂研究所所长，1991年进宜兴陶瓷博物馆紫砂工作室创作设计紫砂壶，在创作中曾蒙壶艺大师朱可心等老前辈的启蒙指导。创作风格能融会贯通，因为爱好书法、绘画、雕塑等技艺，同时又吸收了中国古典文化元素，如青铜、玉器等器型运用到紫砂壶的创作中，努力营造了自我风格和特色，在紫砂壶的研究和创作中及其注重对内涵和气韵的塑造，很多作品获得金、银、铜等奖项，获收藏家的喜好。

壶底款　　壶盖款　　壶盖款

泉流琴声

长 150mm 宽 100mm 高 90mm 容量 500cc

中华民族文化艺术历史悠久，被当今世界所公认，如1977年8月20日，美国发射的"旅行者"号飞船；把中国的古琴曲"流水"带上飞船，响彻太空。可见中华文化艺术之伟大，吾辈生为华夏子孙，对民族传统文化艺术的弘扬和传承是何等的重要。

作品以民族文化为背景，用紫砂壶艺为载体，以简洁、练达、稳健的造型语言和流动鲜活的纹理装饰为手法，置古琴桌为钮，使造型艺术得到整体表达，如一股清泉流畅而下，溢于壶身，达到柔中带刚的艺术效果。借流水声形之意，将颇具远古气息的"古琴"，与传统紫砂艺术有机地结合在一体，通过抽象的"泉声、琴声、壶韵之声"的含蓄表达，使人如身临"高山流水"的高雅意境之中。

杨勤芳

江苏省工艺美术大师，江苏省陶瓷艺术大师，江苏省工艺美术名人，研究员级高级工艺美术师，中国宜兴紫砂文化研究会副会长，无锡职业技术学院客座教授。

1951年生于宜兴蜀山紫砂世家，20世纪80代初即师从中国工艺美术大师吕尧臣先生，并受资深紫砂陶艺家王石耕先生指导。从事紫砂艺术后，尤其注重立足传统，把创作的目光投向漫长而又辉煌的民族文化时空，以新石器、古陶、殷商青铜礼器至秦汉漆器石雕、唐代宫廷金银器等为创作之源，从中寻找灵感和题材。作品融入了传统文化和民族特征，构思寓意深远、格调幽古、典雅俊美、凝重朴茂，在海内外有"东方宫廷派巨匠"之美誉。

壶底款 　　壶盖款 　　壶盖款

祥和提梁壶

长 198mm　宽 160mm　高 188mm　容量 1200cc

这把八方壶是王国祥老师的代表作之一。壶体方正，壶盖浑圆，寓天圆地方之意。八方壶身线、面接洽自然，宛若天成，块面如璞玉精琢，不留一丝瑕疵，圆形壶盖与八方壶体完美结合，方圆相融，和谐美观。阔气的底足挺起整把壶，更添一抹端庄稳重。提梁壶把犹如玉带横空，似乎无限地向外伸展形成张力，有着气贯长虹、飞渡穹宇之势。整体造型精美却不过分华丽，充分切合了文人外朴内秀的气质。壶身上的题字是由中国工艺美术大师谭泉海镌刻，笔画遒劲苍古，为这把壶注入了古朴和深邃之神韵。2006年，"祥和提梁壶"获第八届全国陶瓷艺术设计创新评比银奖。

王国祥

江苏省工艺美术大师，研究员级高级工艺美术师。1954年生于江苏宜兴陶艺世家，1970年进宜兴紫砂工艺厂，师承陈福渊老艺人，并经常得益于壶艺泰斗顾景舟大师悉心指教。1974年入南京工业大学学习陶艺，后在南京艺术学院进修陶艺设计。现为中国工艺美术协会会员，江苏省陶瓷艺术协会会员，宜兴祥和轩陶艺研究所总工艺师，宜兴锦达陶艺公司艺术总监，《国技大典·中国紫砂陶》副主编，景德镇陶瓷大学客座教授，南京工业大学艺术设计学院兼职教授、硕士生导师。

作品继承中华优秀传统，文化气息浓郁，以方形为主，兼工圆器。于方正中显精神、朴雅中见气韵。

壶底款　壶盖款

长 190mm　宽 130mm　高 110mm　容量 650cc

雄风壶

　　雄风壶采用段泥、绿泥和紫泥制作，壶体为全手工浑方造型，壶体下部饰绞泥草原景象，正面嵌饰立马形象，背面嵌饰蒙古包形象，壶的整体塑成蒙古族草原风格。壶嘴、壶把塑自然凹凸肌理，与壶钮周围粗犷肌理相呼应，以营造草原广袤和雄浑之意境。

吴培林

　　1954年1月12日生于宜兴，1982年江苏广播电视大学毕业，注册斋名牧泥堂。联合国教科文组织"一级民间工艺美术家"，中国手工艺大师，江苏省工艺美术大师，研究员级高级工艺美术师。中国民间文艺家协会会员，中国工艺美术学会会员，中国民建江苏省文化委员会委员，中国民建中央画院副主任、院士，荣获首届北京国际民间工艺美术博览会金奖、第二届"世界文化艺术大展"金奖、第七届全国陶瓷评比二等奖、第四届中国民间艺术节金奖、第二届中国工艺美术精品博览会金奖、第一届景舟杯特别荣誉奖等。2019年应邀参加中国文化与世界同行联合国维也纳展览，作品搏浪组壶、阳羡茶泉壶等收藏于联合国维也纳总部。作品注重创新，绞、镶泥结合的紫砂壶写意画面，里外一致、意境深邃。主要论文有：《火光土色》《论紫砂绞泥壶装饰的创意及其技法》《现代陶艺和陶瓷艺术》。编著有《天地壶音》《牧泥留香》《吴培林紫砂艺术专刊》等作品集。

壶底款 　　　　壶盖款 　　　　壶底款

选堂养心壶

长 180mm　宽 90mm　高 85mm

设计成气流控制出水，对制作要求非常高，口盖精度严密、丝丝合缝、一点不能漏气、一点不能漏水。朱玉成大师称选堂养心壶，具有科技含量，有杠杆作用，有力学效果，有气流控制，有超高精度，选堂养心壶是西泠十贤八方壶之一，壶面书法为饶宗颐（号远堂）所作，饶任西泠印社第七任社长，著名国学大师。壶面绘画为吴山明所作，为西泠书画院院长，中国美术协会理事，中国美术学院教授、博士生导师；壶底钤印为刘江所书，为西泠印社执行社长，中国书法家协会理事，中国美术学院教授。西泠十贤八方壶，这是顶级壶艺师、顶级书法家、顶级画家和顶级篆刻家的合作，实在难得。如果说传统是紫砂壶的根，创新是紫砂的生命，那文化就是紫砂的灵魂。

选堂养心壶的原名为一脉相通，本着对壶的创新设计和做工精细，在第106届巴拿马万国国际博览会上荣获了世界三大奖之一的巴拿马金奖。中国工匠，科技紫砂，国之重器，八典八藏。

邵顺生

研究员级高级工艺美术师，中国紫砂艺术大师，中国政协文史馆工艺美术研究院副院长，联合国儿童基金会中华儿童文人促进会博爱和平大师，中国工匠，巴拿马金奖得主，全国"五一"劳动奖章获得者。

1955年生于宜兴市丁蜀镇上袁村（现为紫砂村）师从中国工艺美术大师顾绍培先生，现有80余件作品获国家专利，40余件作品获国际、国家级金银奖，30余件作品被国际、国家级、省级、市级博物馆收藏，连续三年被授予全国学雷锋标兵，被编入《中华人民共和国年鉴》。

| 壶盖款 | 壶底款 | 壶盖款 |

长 165mm 宽 103mm 高 110mm 容量 325cc

阳羡风骨壶

　　此壶样式是吸取了传统紫砂壶型"传炉"的造型元素，用现代设计理念而变换过来，此式中宫紧聚，四面开张，壶盖高耸，嘴、把横向拉出而富动感，四足迈开，使开张的态势归于安定稳重。壶口加一圈线片，使养壶的水不会倒灌。钮、盖、口、身、足从上而下线型方圆交替，节奏分明，气势恢宏。

汤鸣皋

　　研究员级高级工艺美术师，江苏省工艺美术大师。先后师从顾陆洲、毛龙汲、潘春芳、张祥水先生。20世纪70年代先后与顾景舟、上海书画大师唐云、陆俨少、翁闿运诸先生相识，多年交往，时常承教。后又跟随20世纪30年代留法归来的艺术大师郑可、周轻鼎以及周国桢老师等长期实习、写生、创作。对陶瓷造型设计和紫砂陶艺有独到见解。兼擅雕塑、书法、绘画，在江苏省和全国陶艺评比中多次获奖。　关于紫砂文化的专业论文20多篇发表于海内外十多种专业期刊、报纸。运用电脑平面设计软件photoshop设计的19款250多件作品被2008北京奥组委批准为特许生产礼品。能熟练掌握倒焰窑、梭式窑的操作全过程。

壶底款　　壶盖款

百果丰收壶

长 160mm　宽 115mm　高 80mm　容量 300cc

"堆成颗粒皆秋色,百果园中次第歌。"作品传承清初陈鸣远创制的菱藕百果壶,在蒋蓉先生的百果壶造型中变化创新,巧用紫砂五色土捏塑微缩果品。作品以红橘为壶身,紫葡萄为壶嘴,橘树枝干为壶把、壶钮,辅以黄桃、青柿、鸭梨、绿橘装饰。壶底亦用香蕉、枇杷、红柿装饰,形成三足,巧色灵秀、生动雅趣。正如"闲坐百果常相伴,壶蕴仙机意悠然"。寓意百果丰收、子孙绵延、佳事连连。

高建芳

江苏省工艺美术大师,江苏省陶瓷艺术大师,研究员级高级工艺美术师,中国工业设计协会会员,中国陶瓷工业协会会员,江苏省陶瓷艺术委员会理事,江南大学客座教授。

1956年生于江苏宜兴,1973年进江苏省宜兴紫砂工艺厂,随束凤英、高红英老师学习制壶技艺。1978年成为中国工艺美术大师蒋蓉的入室大弟子,独得蒋蓉真传,并追随恩师三十载,其间两度于中央工艺美院学习陶瓷造型设计,受韩美林、杨永善、张守智等教授的悉心教导,在艺术创作设计方面得到了升华。从艺四十余年来,作品有花卉、果蔬等六大系列八十余件,被业内人士誉为"象形壶艺第一传人"。

壶底款 　　壶盖款 　　壶盖款

长 152mm　宽 108mm　高 80mm

物厚子盛

　　壶以小松鼠与秋天的硕果组成一个艺术的景象，形成了在生活情趣中美的本质，并有效地在形式中表达出造型的空间关系、结构比例，追求知行合一。作品在本土的艺术中融入自我，基于自然，以形赋意，寓有意于无意之中，将独创性的思维巧妙地显现在形式的多样中。

孙伯春

　　1956年生于江苏宜兴丁蜀镇，国家研究员级高级工艺美术师，江苏省工艺美术大师，江苏省陶瓷艺术大师，无锡市传统紫砂陶技能大师，无锡市陶艺学科带头人，宜兴市学术技术带头人，中国国家级紫砂陶紧缺型人才培训基地总工艺师，江苏理工大学艺术学院兼职教授，江苏省陶艺专委会副秘书长。

　　先后毕业于江苏陶校美术专业、中央工艺美院陶瓷系设计专业，现在中国紫砂陶紧缺型人才培训基地从事紫砂陶塑与紫砂壶艺设计创作。

　　四十余年来在陶塑创作、紫砂陶造型设计与制作中，作品多次获国家、部、省大奖，多篇学术论文发表于国家级、省级刊物。

壶底款 　　壶盖款 　　壶盖款

望子成龙

长 185mm　宽 145mm　高 162mm　容量 650cc

该作品六方造型，原矿清水泥和拼紫泥精心制作，属自主创新设计作品。嘴、把、滴用形象雕塑龙来表现，独有神韵。壶身镌刻工笔望子成龙图案，精制清新，细腻优雅，寓意吉祥，寄托着下一代成为祖国的有用之才，为国家多做贡献。获中国工艺美术优秀作品评比大师级金奖，为壶友所喜爱。

朱建伟

江苏省工艺美术大师，国家正高级工艺美术师，江苏省陶瓷艺术协会理事。1956年8月生，江苏省宜兴市第十、十一、十二、十三、十四届政协委员。1977年毕业于江苏省陶瓷工业学校，后入清华大学艺术学院深造。三十多年来，从事陶瓷艺术创作设计，有百余件作品选送国内外展评。三十多件作品在全国、江苏省陶瓷艺术设计评比中获奖。其中，国际精品大奖一件，全国陶瓷艺术设计评比一等奖三件、三等奖五件。江苏省陶瓷艺术设计评比一等奖三件、三等奖五件。镶金六禄大顺壶在2007年获东方工艺美术之都博览会金奖，被故宫博物院陈列展出。镶金旭日东升壶获中国工艺美术优秀作品评比大师级金奖，茶亦醉人壶获2008年中国工艺美术优秀作品评比大师级金奖，双色蝶花壶荣获2006中国手工艺精品博览会"华茂杯"银奖。作品被中南海紫光阁收藏陈列。

壶底款　　壶盖款

长 117.9mm　宽 115mm　高 85mm　容量 500cc

紫玉壶

　　作品以"玉璧"为主题，线条挺括，泥色细腻，造型端庄大气。壶体为方，壶盖为圆，蕴含"天地方圆"的寓意。壶身由直线与弧线交错运用，转折处明快流畅，充分利用了构架与空间关系的美学概念。壶体上运用浮雕手法，饰以古语图纹、古朴素丽、紫光流转，体现出深邃的艺术美感。壶嘴、把手与壶体完美契合，整体造型似一尾灵跃之鱼，壶钮处缀以圆珠，恰似两点鱼眼，妙趣横生。作品意蕴深刻隽永，设计独特出众，具有很高的欣赏价值。

刘建平

　　江苏省工艺美术大师，江苏省陶瓷艺术大师，研究员级高级工艺美术师，中国美术家协会会员。

　　1976 年进宜兴紫砂工艺厂，由高丽君老师启蒙，后拜中国工艺美术大师吕尧臣为师。1982 年和 1985 年分别担任紫砂厂培训部指导老师。后分别在南京艺术学院、中央工艺美术学院进修陶瓷造型设计。

　　其创作作品曾 20 次获国家级、省级专业大奖，并连续三届获日本美浓国际陶艺展入选奖。多次应邀出国办展和艺术交流，作品被中国国家博物馆、中南海紫光阁等收藏。被紫砂界誉为"紫砂四小龙"之一。

雅竹提梁

长 170mm 宽 130mm 高 170mm

壶底款

壶盖款

"雅竹提梁"是借竹段之形围筑构成，壶嘴、壶把、壶钮均为"竹段"之形。壶嘴、壶把与壶身之间形成的虚实空间优美舒畅，细细品察，竹段鲜活，弹性中透出一种生命的活力。壶身与壶盖上的竹叶如玉雕般的质感，如同一幅中国画的"青竹图"，飘逸灵动、赏心悦目。

高湘君

研究员级高级工艺美术师，江苏省工艺美术大师、江苏省陶瓷艺术大师、中国艺术研究院紫砂研究院特约研究员。江苏省陶瓷艺术委员会会员，江苏省工艺美术学会会员，中国工艺美术学会会员，江苏省工艺美术协会会员。

1957年生于宜兴。1976年进宜兴紫砂工艺厂。先后师承工艺美术师李碧芳，江苏省工艺美术大师、研究员级高级工艺美术师谢曼伦。1980年至今在宜兴紫砂工艺厂研究所从事创作设计。工作期间，曾先后二次参加中央工艺美术学院（现北京清华大学）进修培训，三次参加中国工艺及省人事厅、省工美举办的高级研修班学习。

壶底款 　壶盖款

长 160mm 宽 120mm 高 115mm 容量 360cc

裙峰

　　该作品灵感来自布纹垂直产生的褶皱。根据褶皱产生的几何效果排序设计，也是元条筋纹器相反的一种筋纹器。这种筋纹形似裙的布纹，故称"裙峰"。由于是元条筋纹相反的筋纹，阴角变成了阳角，会对手感产生一定的影响，要达到刚中有柔，就需要对角的处理手法要极为讲究。该作品222条阳角线，看似有角，但手感柔和，花的功夫比较大，是作者功力的显示。

　　该作品流畅的附件线条体现出不一样的柔美，口盖严丝合缝，造型端庄稳重大方，把握舒适，是一种硬功夫创作的作品。

沈建强

　　江苏省宜兴市人，江苏省研究员级高级工艺美术师，江苏省劳动模范，江苏省工艺美术大师，江苏省陶瓷艺术大师，宜兴紫砂陶制作技艺第三批市级代表性传承人。出生于陶艺世家，从艺五十余年，专业从事紫砂筋纹器的传承和创新，业内有"藏筋瓢，找建强"之美誉。其《英雄壶》《飘菊》等代表作，器型优美、技艺精湛，在筋纹器的制作技艺上突破传统技艺，展现了筋纹器紫砂艺术的极致之美。

壶底款　　壶盖款　　壶盖款

百虎献瑞·紫砂壶组

长 830mm　宽 290mm　高 260mm　容量 500cc

　　将中国元素汉字以篆书的形式用紫砂陶独特的艺术语言塑造本套作品的主体——壶。挺拔直线的运用是整套作品的主旋律，壶、杯、瓶之容量功能设计产生的器形的大小、高低，有致而独具韵味。造型主视面在粉红泥底上用古代百虎纹的阴阳刻线为装饰，红黑相间对比强烈的紫砂泥质，极致地表现出红红火火、虎虎生威、群虎献瑞的吉祥主题。线条刚柔相济、寓苍劲于静逸，堪称为刚与柔的二重奏，彰其威，壮其魄！也体现了紫砂泥可塑性强的特质。

蒋新安

　　求学于无锡工艺学院、景德镇陶院和中央工艺美术学院。从艺从教四十八年受益于恩师张志安老师的培育和教诲，培养了一大批陶艺专业人才。紫砂陶艺创作以深厚的文化内涵、主题性系列化的设计风格在紫砂艺术界独树一帜。应邀参加韩国世博会，42届国际陶艺大会和"陶都风—宜兴紫砂艺术温哥华特展"，现场作紫砂陶艺手工制作演示和演讲。作品获艺术展评大奖四十余次，其中国家、国际级金奖多达十五枚，并为香港茶具博物馆、中国美术馆、广州博物馆及中南海紫光阁收藏。

壶底款

壶盖款

长 170mm 宽 140mm 高 230mm 容量 550cc

八节提梁壶

　　古往今来，竹子在艺术作品中一直象征着逆境求生、迎难而上的精神，有着虚怀若谷之心，高风亮节之魂，文人爱竹也因如此。

　　此款"八节提梁壶"，以竹节制壶嘴，突破传统的提梁高度，超高造型与壶身形成强烈对比。提梁壶把，由六节竹段组合而成，秀美典雅，素净而又格调绚丽，且不乏竹子的苍劲之风。色调淡雅的段泥，透出清净的色彩，纤纤文竹，仿佛刚经历一场春雨的滋润，赏心悦目。

　　有人要问八节提梁，为何只有六节，还有两节在哪里？或许是壶身，恰若竹子还生根在泥土里，蓄势待发，饱满希望；或许是壶嘴，正巧像是破土而出的两节分枝，象征生命的力量。在中国文化中，"八"还代表吉祥，是个幸运的数字，如此，"八节提梁壶"又引申出了新的内涵。那么，八节的概念，就仁者见仁、智者见智了。

　　壶身刻有一副对联"闲为水竹云山主，静得风花雪月权"，流露出一种文人的思想情怀，营造出雅致清幽的氛围感。

胡永成

　　1957年生，江苏省工艺美术大师，研究员级高级工艺美术师，中国工业设计协会会员，江苏省工艺美术协会会员。1976年进宜兴紫砂工艺厂，师从高级工艺师李碧芳学艺，1978年与师从事带班艺德辅导工作，1984年参加江西景德镇全国陶瓷设计进修班学习，1989年参加中央工艺美术学院造型设计学习班。作品"八挂灵寿壶"1989年获江苏省第二届轻工评比二等奖，作品"翠鸟莲蓬壶"被中南海紫光阁收藏，作品"舞壶茶具"1994年获全国第五届陶瓷艺术评比二等奖，作品"简墩"被英国剑桥大学收藏，作品"圣圆壶"在江苏省宜兴紫砂工艺厂韩国展中荣获金奖。

壶底款 　　壶盖款 　　壶盖款

和鸣

长 150mm　宽 132mm　高 94mm　容量 450cc

取意《诗·周颂·有瞽》："喤喤厥声，肃雝和鸣。"作品线条流畅，整体形状为抽象的鸟，壶身线条微微向上，壶整体向前倾斜，壶嘴翘起，意似鸟儿正在枝头高歌，正如作品中作者的思想需要与欣赏的人相互交流产生共鸣，才能称为真正的和鸣。

鲍利安

江苏省工艺美术大师，江苏省陶瓷艺术大师，正高级工艺美术师，非物质文化遗产代表性传承人，中国陶瓷工业协会会员，江苏省陶瓷艺术委员会会员，江苏省工艺美术学会会员，中国工艺设计协会会员，北京国博文物鉴定中心紫砂专业委员会专家。2022 年北京冬奥会奥林匹克传承紫砂壶"雪语冰魂"设计者。1978 年进入宜兴紫砂工艺厂，为人谦和，虚心好学。先后师从于中国陶瓷艺术大师、正高级工艺美术师曹婉芬，江苏省工艺美术名人、正高级工艺美术师高丽君、潘持平等老师学艺。立足"艺德"，并从"壶内"和"壶外"两个方面去领悟紫砂艺术之精髓。工作期间，两次由单位选派，进中央工艺美术学院进修、深造，使陶艺理念得到了较为系统的提高，后又得到了壶艺泰斗顾景舟大师等前辈亲授指导，更是受益匪浅，从而使自己无论在陶艺的理论基础，还是在陶艺的实际制作上都有了一个质的飞跃。

壶底款　　壶盖款　　壶盖款

长 160mm　宽 95mm　高 86mm　容量 360cc

富贵盘长

观其工艺和造型，创新的筋纹造型令作品平添精妙之感，让人爱不释手。壶身自上而下，菊瓣筋纹呈完美的发散状，没有丝毫的紊乱，分布均匀，每一瓣独一无二，壶口、壶盖咬合部分也十分吻合，气密性良好。

谈跃伟

正高级工艺美术师，江苏省工艺美术大师，无锡市非物质文化遗产代表性传承人。

1978年进厂，先跟随启蒙老师高丽君学习，后师从中国工艺美术大师吕尧臣。80年代末，与张守智教授合作，工艺美术设计更趋完美。作品造型追求优雅，做工精致，光素、花塑、方器、筋囊器技艺俱佳，特别擅长于松、竹、梅等自然形态的重新塑造演绎，日常生活中的一草一木都成为触动创作的灵感，作品在一次一次的触动中不断得到升华。

作品屡次获得众多艺术大奖，并被国内外多个艺术博物馆收藏。

| 壶底款 | 壶盖款 | 壶盖款 |

鸣远

长 200mm 宽 120mm 高 130mm 容量 600cc

创意源自汉代四神朱雀。朱雀为传说中天上四灵之一，为南方之神。雀首造型较凤凰更添几分优雅，眼部巧妙镶嵌珍贵的黄宝石，代表着智慧和生命力，给人一种"不鸣则已，一鸣惊人"的感觉。壶身造型生动活泼，线条优美流畅，将朱雀优美典雅的姿态塑造得淋漓尽致，壶把S形曲线舒展的设计更突出了天之灵兽朱雀体态的轻盈灵动，壶身采用胡氏特有金银错装饰工艺，更添贵气。

胡洪明

研究员级高级工艺美术师，江苏省工艺美术大师，中国民进会员，中国民间文艺家协会会员，中国工艺美术学会会员，江苏省美术家协会会员，江苏省工艺美术学会会员，江苏省美术家协会会员，宜兴市紫砂行业协会会员。1959年10月生于江苏宜兴丁蜀镇，本科学历。1978年即涉足陶瓷专业创作与设计，1983年进中央工艺美术学院（现清华大学美术学院）陶瓷设计系进修学习，得到杨永善、张守智和王建中等诸多名师指导。师从工艺美术大师沈遽华老师，现受聘于宜兴紫砂工艺厂。其紫砂艺术创作业绩颇丰，已被收录在《当代中国陶艺名家集》《中外名人辞典》《中国工艺美术大师精品集》等多部著作，作品多次获得国家级工艺美术金银奖二十余项，多篇论文发表于省级以上刊物。作品深受紫砂爱好者与收藏家喜爱，更有部分作品被中南海紫光阁、中国工艺美术馆以及众多国内外博物馆收藏，被誉为当代的"镶金装饰巨匠"。多次参加国内外陶艺交流展览，为紫砂艺术的发展做出了积极的贡献。2011年，因其艺术造诣颇丰，被文化部中国文联授予"中国艺术大家"称号。

壶底款　　壶盖款　　壶盖款

长 142mm 宽 122mm 高 162mm 容量 650cc

年轮壶

　　"年轮壶"以遍结的树瘿肌理为构思起点，用反复的线条轨迹，呈现一种总体均衡、富有节奏的美。该壶整体充满着流动的和谐和自然的激情，以具像与内心的情感流转叠映生命的年轮，表达自然界中美的韵律，铸成艺术与工艺融合之美，开创了现代美学与传统工艺相融合的新境界。

　　"年轮壶"精选紫砂段泥与紫泥进行调配糅合，全手工制作，塑造器物的起伏、凹凸关系以及木纹肌理的细节，展现了紫砂材料良好的延展性和可塑性。器物胎体厚度 2mm，壶把、壶钮全中空制作，展示了紫砂花器高难度的薄胎工艺。作品烧成温度为 1180℃氧化焰烧造。

张正中

　　江苏宜兴人。清华大学美术学院毕业，硕士。1990 年就职于江苏省宜兴紫砂工艺厂，正高级工艺美术师、正高级乡村振兴技艺师。兼任中国美术家协会会员、中国陶瓷工业协会陶艺委会常务理事、江南学院客座教授等职。江苏省工艺美术大师、江苏省陶瓷艺术大师，被人力资源和社会保障部、中国轻工业联合会授予"优秀教练"。

　　创作的紫砂作品入选"全国美术作品展""第十五届中国民间文艺山花奖"等重要展览，被中国美术馆、中南海紫光阁等重要单位收藏。

壶底款　　壶盖款

事事如意

长 140mm　宽 110mm　高 150mm　容量 220cc

  选用质地细腻、含铁量较高的紫砂陶材料制作而成。制成后内外无须施釉。此壶造型以传统"如意"壶为原型。在设计过程中，将原有的扁圆壶身拉高，放弃了原有的一些细节，进行简化处理。使壶身筒更加简洁。整体形态接近"一粒珠"的造型。如意纹的连接线，延续至壶底进行衔接，使壶身筒看似筋纹形态，比较含蓄。嵌盖、圆钮、细环形把、短一弯流，整个形态给人以安静、稳重、大方的感觉。

  在制作技法上，主要突出如意纹饰，采用全手工方法，用金属丝加工成如意形，再转压至壶身上，类似浅浮雕方法，在制作如意纹饰时，对凸出的部分作精心处理是审美的关键所在。

  创新方面，一是向传统致敬，将优秀的传统形态保留，并延续发展，让其回到当下生活中来。但保留传统并非一成不变，而是将当下的审美、生活、习俗融入其中。

许艳春

  1965年4月生于江苏宜兴，1982年入江苏宜兴紫砂工艺厂，师从顾绍培、刘建平两位老师。1985年考入南京艺术学院工艺美术系陶瓷设计专业，1989年毕业，获学士学位。同年回到宜兴紫砂工艺厂研究所工作。1993年晋升为宜兴紫砂工艺厂研究所工艺美术师。1996年荣获宜兴市政府授予"青年科技英才"称号，2008年荣获宜兴市政府授予的"宜兴市学术技术带头人"称号，2017评选为首届"宜兴工匠"。全国十七届工会代表，十三届江苏省人大代表，为无锡市第十四、十五、十六、十七届人大代表。江苏省工艺美术大师，江苏省研究员级高级工艺美术师，中国美术学院陶艺系研究生课程特聘指导教师，中国美术家协会会员。

  作品曾多次获国内外大奖，多件作品被北京故宫博物院收藏，出版多本专辑，多篇论文在有关专业杂志发表。

壶底款 　　壶盖款 　　壶盖款

紫君六方壶

长 205mm 宽 130mm 高 126mm 容量 850cc

"紫君六方壶"为作者最擅长的六方造型，由六片泥片手工镶接而成，整体风格较为简洁干练，壶身曲线张弛有度、恰到好处，大尺寸的壶身豪气之中有股秀气，一缕肩线的修饰增加了壶的层次感、壶的挺括度。方器意味着方与直的刚正不阿，但在作品中呈现出来却没有一条直线，所有的面与线都略带弧度以达到视觉上的饱满。一弯壶嘴带着嘴肚，让出水达到了最佳，壶底有收起之势，整体有一种轻盈灵动的感觉，耳形壶把从壶肩以自然之势而出，与壶浑然一体，饱满的苍穹顶壶盖配以六方形壶钮让壶身的线条收于出气孔，口盖子母线严丝合缝，做工细致。

庄玉林

江苏省工艺美术大师，研究员级高级工艺美术师。1965年1月出生于江苏省宜兴蜀山，从小耳濡目染紫砂陶艺，赋予了他从事紫砂事业的悟性与天赋。1982年进宜兴紫砂工艺厂，师从中国工艺美术大师顾绍培学习紫砂成型工艺。1986年经厂里选拔考试，进厂研究所继续跟顾绍培大师深造。1988年参加中央工艺美术学院造型设计培训，受益匪浅。1991年至1993年，担任宜兴紫砂工艺厂艺培中心老师，为培养紫砂事业接班人辛勤耕耘，在紫砂的创作道路上，刻苦学习，一丝不苟。

月光曲九件套

壶 长 185mm 宽 130mm 高 92mm
杯子 长 90mm 宽 70mm 高 50mm
杯垫 长 115mm 宽 115mm 高 30mm

    作品以黑泥和红泥全手工制作而成。黑泥是早期最常见的通用泥料之一，因矿脉里铁质成分较高，深获早期壶友赏识、垂爱。新壶初用有砂土气，经使用后壶身展现出灰黑，泡养数日则黑如墨，茶味惊艳，令人赞叹。紫砂红泥是宜兴紫砂陶土的三大泥类之一。紫砂红泥泛指紫砂陶土制品烧成后，外观色泽呈红色的一类陶土，并非指某种单一的具体矿料。紫砂红泥因其烧成后，外观色泽和胎质均呈红色，所以冠以"红颜丹砂"之名。此作品以简练的线条构成淳朴凝重的形体，深厚且具神韵，设计上空间明快，虚实和谐，提携舒适，线条柔和，整体雄浑肃穆。作品做工精细，无不体现老师技艺精湛，手法高超。

桑黎兵

    中国紫砂十二精英之一。江苏省工艺美术大师，正高级工艺美术师，无锡市非物质文化遗产传承人（宜兴紫砂陶制作技艺），中国工艺美术学会江苏陶艺专业委员会会员，上海海派紫砂艺术研究所副所长，中国少数民族文物保护协会、中国少数民族文物保护协会艺术研究院顾问副院长，中国人民大学艺术学院紫砂研修班导师，无锡工艺职业技术学院客座教授，江苏经贸职业技术学院兼职教授，南通纺织职业技术学院客座教授，中国美术家协会聘敦煌创作中心研究员，中国美术家协会江苏分会会员。以壶为载体，巧妙地运用"五色土"，采用堆、雕、刻、绘、嵌的艺术手法加以装饰，是其作品的最大特色，为紫砂花塑器的发展开拓了新局面，是这一领域的领军人物。

长 260mm 宽 110mm 高 250mm 容量 550cc

竹韵梅馨茶具

岁寒三友，竹、梅各占其一。竹者，如君子坦荡，刚直节气，诗云："自是子猷偏爱尔，虚心高节雪霜中"。梅者，冰肌玉骨，傲然挺立，花开迎春，清香沁人，诗云："不是一番寒彻骨，怎得梅花扑鼻香"。

梅竹之趣，历来就是文人墨客、风雅人士所爱。壶体以竹段为形，塑竹枝为流，梅枝为把，陡然间，一枝寒梅在壶身蔓延伸展，绽放出朵朵丝香。梅竹两者和谐统一，竹之直与梅之曲，相互映初，意趣非凡。

配以形态各异的梅竹杯、砚台、笔架、印泥盒，翰墨之气与壶韵茶香恰如其分地融合在一起，极具艺术气息。

范建军

1979年受教于著名陶刻名家谈尧坤老师，1980年考入宜兴紫砂工艺厂，拜中国工艺美术大师鲍志强为师，系统学习书画及紫砂陶雕刻技艺，长期受到老师的严格教诲，认真学习，刻苦钻研，逐渐形成自己的雕刻风格。所刻作品刀法娴熟，线条流畅，并形成紫砂"微刻"装饰的独特风格。1982年至1983年，进无锡轻工业学院造型系进修，主修陶瓷造型设计及装饰。1988年毕业于无锡轻工业职工大学装潢美术专业，回紫砂工艺厂研究所工作，随母亲曹婉芬（中国陶瓷艺术大师）系统学习紫砂陶设计制作技艺。

壶底款 　　　壶盖款 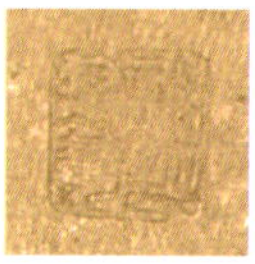　　　壶盖款

大成壶

长 390mm　宽 230mm　高 660mm　容量 3500cc

作品以竹段为雏形，融浮雕、陶刻等多种紫砂工艺技法，实乃集众艺之大成。通身以大开大合之势，辅以紫砂醇和之质，起承转合间，气韵贯通。挑高的提梁，拉长了壶身圆润厚重的线条感，带来向上的张力，给人开阔的视觉享受。壶身以《八十七神仙卷》中的十二神仙入画，象征一年十二月之相。仙人姿容和雅、衣袂翩然，一派歌舞升平，传递着对家国祥和、海清河晏的美好愿望。

尹祥明

正高级工艺美术师，江苏省工艺美术大师，乌克兰国家艺术科学院院士，中国美术家协会会员，中国工艺美术学会雕塑专委会委员，中国民间文艺家协会会员，中国非遗陶瓷分会常务理事。中国陶瓷艺术家联盟副主席，江苏省雕塑家协会副主席，宜兴市美术家协会副主席，宜兴市工艺美术学会副理事长兼秘书长。

1963年生于江苏宜兴。1985年从事紫砂陶艺、雕塑的创作，师从徐秀棠先生，后就学于中央美术学院雕塑系。作品曾入选全国美展，多次在全国性的陶艺创作评比中获奖，作品被文化和旅游部、中国历史博物馆、乌克兰国家艺术博物馆等收藏。入编中央电视台"美术星空"栏目专题—"中国当代陶艺先锋"。2016年被授予乌克兰国家艺术科学院院士，2018年获中乌文化艺术交流特别贡献奖。

壶底款　　壶盖款

长 115mm 宽 110mm 高 128mm 容量 400cc

苞

　　似花非花，似瓜非瓜的造型，设计上虽有传统壶型的痕迹，但又充满新意。饱满的壶体有着一种强劲活力，透过简单凝练的线条切入，去探索在作品特征下的另一空间，寻求原生命体下的另一种生命本质。简约而不简单，引人思考，似花蕾虽没有怒放时的娇艳，也没有成熟时的辉煌，但孕含着希望和不屈的生命力，沉稳内敛无限能量，大气而又不失文雅。

顾美群

　　江苏省工艺美术大师、江苏省陶瓷艺术大师，正高级工艺美术师，正高级乡村振兴技艺师，联合国教科文组织国际陶艺学会（IAC）会员，中国艺术研究院紫砂研究院研究员，景德镇陶瓷大学设计艺术学院客座教授，江苏省陶瓷艺术委员会副会长，无锡市级非物质文化遗产项目代表性传承人，美陶缘宜兴国际陶艺研习营主理人。

　　1982年随母亲习艺，1996年师从中国工艺美术大师吴鸣。勤于创作四十多年，其造型技法全面，所创作品在简约中把握特殊的创新视角，富有想象力和时代感，显示出不同的紫砂技艺和追求。

坤灵套具

壶 长148mm 宽90mm 高100mm
杯 长58mm 高42mm
盘 长93mm 高13mm

一直以来，我有个愿望，想创作一把体现女性美的作品，近期创作了这把"坤灵"套具。坤：表示大地和女人；灵：表示女性灵动之美，大地灵气之意。"坤灵"壶体为四瓣花瓣造型，圆柱形的壶身，加饰筋纹纹样咬合而成，气质流动舒畅，优雅写意，筋纹沟壑深深，刻意表现出筋纹特有的凝重感，从而凸显出花瓣的肥硕。壶嘴为三弯嘴，嘴下部略显肥感，出水流畅，壶把的设计略有新意，如人的耳朵，壶盖为笠帽形，并且在盖上加饰彩绘，更体现女性的多姿多彩，整体表现比较美妙、和谐，充满了清秀飘逸，又有刚柔并济的意蕴。

李霓

正高级工艺美术师，江苏省工艺美术大师，江苏省陶瓷艺术大师，上海市工艺美术行业协会陶瓷专业委员会副主任，江苏省工艺美术学会会员，江苏省陶瓷行业协会会员。宜兴人。李昌鸿的次女。现代女陶艺家。正高级工艺美术师、江苏省工艺美术大师、江苏省陶瓷艺术大师。1980年进江苏宜兴紫砂工艺厂，跟随李碧芳、胡永成两位老师学艺，1983年进紫砂厂研究所深造，拜徐汉棠老师为师学艺；同年参加中央工艺美术学院在厂举办的造型制图班学习；1985、1986年两年期间在江南大学进修英语、上海外贸职工大学进修外贸业务，结业回厂。后跟随母亲沈遽华继续学习制作设计，从理论到实践，奠定了扎实的功底。作品素面无华、点缀精练，如行云流水、写意而又工整，力求简约大方，浑厚朴实，有内涵、有技巧、有生命、有感染力。1993年调入宜兴鸿成陶瓷有限公司。作品曾多次获全国大奖，并参加国内外展览，深受收藏者、客户的好评。

壶底款 　　壶盖款 　　壶盖款

长 190mm 宽 130mm 高 80mm 容量 500cc

相融之二

作品以简练的造型为壶体，在壶体下设计以水滴为装饰，与壶融为一体。水是万物生命之源，同时水又来回于天与地之间。

江苏省工艺美术大师，正高级工艺美术师，中国工业设计协会会员，中国陶瓷工业协会女陶艺家宜兴分会理事。

现在宜兴紫砂工艺厂从事紫砂壶设计与制作，师从江苏省工艺美术大师、江苏省陶瓷艺术大师、正高级工艺美术师何挺初先生。

1983年入中央工艺美术学院陶瓷系进修，得到杨永善、张守智、王晓琳、王建中等诸多教授的精心指导。1993年获宜兴市"十佳"女科技工作者。作品获得国内外各种奖项50多个，其中"线韵壶""早春二月壶""石趣对壶"等作品获第四、第五、第七、第八、第十届全国陶瓷艺术创作评比金、银、铜奖。"春雨绵绵"获2000年台湾第六届金陶奖，"争流"获2001年韩国首届世界陶艺大奖赛优秀奖，"线韵壶"2005年被国务院中南海紫光阁珍藏。

牟锦芬

壶底款 　　壶盖款 　　壶盖款

谏果壶

长 130mm　宽 90mm　高 130mm　容量 420cc

谏果，中文学名橄榄，初吃时味涩，久嚼后，香甜可口，余味无穷。壶身、壶钮取其形，但不落窠臼，前后装饰的块面，既像两片芽瓣绽开，又像两掌郑重相捧一果，暗含郑重对待诤言助人成长之义。壶形简洁明了，线条秀美。托物寄情，忠谏之言，虽逆耳，而于人终有益。

吴淑英

江苏省工艺美术大师，江苏省陶瓷艺术大师，研究员级高级工艺美术师，江苏轻工"十大工匠"，高级技师，"宜兴紫砂陶制作技艺"非遗代表性传承人，国家职业技能竞赛轻工行业裁判员。

1965年生于宜兴制陶世家，南京师范大学美术学本科毕业。兼长紫砂壶素器、花塑器、筋纹器。在江苏宜兴紫砂工艺厂从事紫砂造型设计制作。壶艺特点：造型简洁明快，讲究线条的运用，点线面的协调处理，多文气，少匠气。有十多件作品在国内外专业评比中获得金奖。

壶底款　　壶盖款

长 212mm 宽 142mm 高 103mm

惜福壶

此作品为茶禅一味组壶之一，也是作者评陶瓷艺术大师现场所作作品。此作品以梅为主题，壶身整体为一朵梅花开放，滴子也是一朵梅花和壶身相呼应，肩部的花瓣均为全手工捏塑而成，嘴把采用老辣的枝梗形，贴上生动灵秀的梅花花朵使整壶更显完美。整体造型体现了梅的铁骨冰枝，高洁傲骨之风。

范建华

正高级工艺美术师，江苏省工艺美术大师，江苏省陶瓷艺术大师，江苏省乡土人才"三带"名人，无锡市优秀乡土人才，宜兴市非物质遗产代表性传承人，无锡工艺职业技术学院副教授，中国陶瓷工业协会陶瓷艺术委员会常务理事，中国艺术家协会陶艺专业委员会副理事长，江苏省发展和改革委员会江苏省价格认定专家库省级专家，江苏省工艺美术行业协会陶瓷艺术专业委员会副主任委员，大专学历。

1982年进宜兴紫砂工艺厂，师从当代中国工艺美术大师吕尧臣、高级工艺美术师江建翔学艺。1984年进紫砂研究所，跟随母亲曹婉芬（中国陶瓷艺术大师、研究员级高级工艺美术师）学艺，进一步钻研紫砂的造型设计和创新技艺。1987年进中央工艺美术学院进修陶瓷造型设计，提高了自我的设计能力和艺术修养。从艺四十年来执着于紫砂造型艺术，在继承传统的基础上，融入自己的思想，创作出具有个人风格的作品。摹古是感悟，创作是风格，这是她对紫砂艺术的理解，悟道存真是她的座右铭。

壶底款

守拙壶

长 130mm 宽 100mm 高 72mm 容量 250cc

藏巧于拙，出自明代洪应明的《菜根谭》，"藏巧于拙，用晦而明，寓清于浊，以屈为伸，真涉世之一壶藏身之三窟也"。

做人的最高境界，就是藏巧于拙，抱朴守拙。明明什么都知道，却一副谦下的表情。这种人不张扬，不高人一等，平易近人，反而更易得众人的欢迎。

这把"守拙壶"便是如此，浑圆的壶身设计搭配简练的嘴、把、盖，看似圆润笨拙的外观下，守住的恰恰是浮夸成风下作为一把壶的本色——简单大气。易用好用、和谐秀气的搭配也让人乐于上手把玩。

陆虹炜

研究员级高级工艺美术师，江苏省陶瓷大师，江苏省工艺美术协会会员。1967年生于陶艺世家，1983年进紫砂工艺厂从事制壶技艺，先后师从高级工艺师江建翔、施小马。1986年以优异成绩保送陶瓷轻工学院学习陶瓷工艺，毕业后在紫砂研究所专事创作设计工作。1994年评聘为助理工艺师，2003年晋升工艺美术师，2007年评聘为高级工艺美术师，2011年评聘为陶瓷名人。

壶底款　　壶盖款　　壶盖款

葫芦提梁壶

长 195mm　宽 140mm　高 170mm

作品主题取自然界的植物葫芦为题材，壶身圆润饱满，壶身与壶盖相呼应，呈现出完整的葫芦造型，壶嘴用一小葫芦来表现，取以扭曲的葫芦老藤做壶的提梁切于壶身两侧，提梁两侧由延伸的藤蔓、叶子、藤须组成的图案相映成趣，形态生动、协调统一的整体感让人赏心悦目。人们又赋予吉祥之意，寓意着家人的健康长寿，同时葫芦又是富贵的象征，可给家庭带来财运，也寓意着能给大家带来幸福平安。

夏淑君

1963年4月生于宜兴。正高级工艺美术师、正高级乡村振兴技艺师，中华技能大奖获得者，享受国务院特殊津贴专家，江苏省工艺美术大师、江苏省陶瓷艺术大师、江苏工匠、江苏省乡土人才"三带"名人，首批"国家级技能大师工作室"和首批"江苏省乡土人才技能大师工作室"。1978年起先后师从紫砂名家张庆成、蒋建明、杨勤芳学艺，经过系统理论学习和技艺培训，掌握了从设计到制作工艺及泥料的调配等一系列操作程序的紫砂传统技能技艺。1991年参加在香港举行的第三届国际展能节制陶项目比赛，作品"绞泥四方茶具"获金奖。1993年2月赴中央工艺美术学院参加陶瓷造型设计专业学习。作品题材广泛，擅长取自然界的植物形态进行紫砂花器创作，巧妙运用紫砂原料，使之彰显主题。有"梅桩壶""南瓜壶""大白菜"等题材的紫砂作品，通过紫砂技艺造型的展示得以艺术升华。1995年参加在澳大利亚举行的第四届国际展能节制陶项目比赛，作品"母爱"获金奖；2000年参加在捷克举行的第五届国际展能节制陶项目比赛，作品"生命与自然"获铜奖。从艺四十三年以来，共创作新作50多件（套），其中，"河塘清趣""南瓜提梁""梅桩提梁""葫芦提梁"等多件作品分别获得省级、国家级比赛金、银、铜奖及特别奖；"大地情"等4件作品，先后被国内4家博物馆收藏；另有"荷塘情趣"等4件作品获国家专利。从1991年以来，先后带徒50多名，其中5人获高级职称，8人获中级职称，13人获初级职称。

壶底款 　　壶盖款 　　壶盖款

问鼎

长 150mm　宽 110mm　高 105mm　容量 300cc

　　此件作品根据汉米尔顿手表的三角、方正造型设计出符合现代工业美学的壶身面，简单的方片拼接传递周正、理性之美。壶身自然产生出一壶嘴，显然是在美的基础上过渡到了实用。整壶观之，口阔底平，三足桥钮增添了一抹神秘气息。此件作品壶盖至壶身采用色泥加镶金法施以饕餮纹、卷云纹、回形纹。壶盖为正面的兽面纹，兽面平展后，产生左右对称，平面上呈现出立体的效果。

　　"问鼎"表达了对商周人文历史的探索，对青铜器文化审美的渴求。而"鼎"便更饶有趣味，俯瞰此壶入眼为"三角形"，"三角形"向外的力量为群雄争霸，向内为循中和之道而为之。"问鼎"一壶见仁见智。

　　　　范伟群，汉族，1970年1月生，江苏宜兴人，大生壶艺传人。1985年9月参加工作，中国地质大学艺术设计专业毕业，本科学历，正高级工艺美术师。现任宜兴范家壶庄陶瓷艺术品有限公司总工艺师，宜兴市丁蜀镇西望紫砂陶瓷专业合作社理事长。

　　　　先后荣获国务院政府特殊津贴专家、全国轻工行业劳动模范、全国农村青年致富带头人、首届"江苏工匠"称号、江苏省工艺美术大师、江苏省非物质文化遗产代表性传承人、江苏省有突出贡献的中青年专家、江苏省乡土人才"三带"名人、江苏省紫金文化创意英才、无锡市有突出贡献的中青年专家、无锡市唐鹤千卓越青年文化创意人才、无锡市人大代表、无锡市十大杰出技能人才、无锡市乡土人才大师工作室领办人、无锡市优秀乡土人才、宜兴市学术技术带头人、宜兴市农村拔尖实用人才、陶都宜兴十佳青年陶艺家、领军型乡土人才等荣誉称号。

壶底款 　　壶盖款 　　壶盖款

长 180mm　宽 113mm　高 88mm　容量 450cc

太白樽壶

　　此件紫砂壶器形由太白樽设计而来。太白樽历来为名品，自古难求，因酒仙李太白酒具而得名。壶身圆润，线条优美，观之令人犹觉恬淡文静，不忍释手。"太白樽壶"质朴归真、不显不露、张弛有度，前后呼应，造型独特而雅致，仿佛穿越了古代，更加贴近文人的气质与生活。一壶在手、一盅在案，可养心静神、以助文思！

张海平

　　江苏省工艺美术大师，研究员级高级工艺美术师，全国青年优秀工艺美术家，中国紫砂艺术家，中国工艺美术学会会员，江苏省宜兴紫砂协会会员，无锡工艺职业技术学座教授，广州番禺职业技术学院客座教授。

　　张海平先生拥有娴熟的紫砂制作功底，跟随有"制壶魔术师"之称的中国工艺美术大师吕尧臣先生学习制壶，更传承了吕氏绞泥精湛而独特的紫砂装饰技艺。

　　2002 年创办天宝斋张海平紫砂艺术工作室。他的紫砂作品形神兼备，在空间艺术中展现出简秀、典雅、古朴、含蓄的意境之美。多件作品获得工艺美术行业展评大奖，并被国家级、省级博物馆收藏陈列。2006 年国家邮政局出版发行了以其作品为内容的明信片，作品广受喜爱。"自然天成"等作品入选"新中国国礼艺术家精品展"并推荐作为国礼。

清风

长 195mm 宽 132mm 高 100mm 容量 650cc

壶底款　壶盖款

清风，"清微之风，化养万物者也"。自古"清风"为文人雅士所崇尚的一种人生境界："清隽、脱俗、如风，天人合一。"此作品，匠心独具，以塑入壶，至真至纯。寓现实生活中的和敬清寂，刚正不阿，至"两腋清风起，我欲上蓬莱"之佳境！

史小明

江苏省工艺美术大师，江苏省陶瓷艺术大师，正高级工艺美术师，江苏工匠，联合国教科文组织国际陶艺学会（IAC）会员，中国艺术研究院紫砂研究院客座研究员。

1989年起师从徐秀棠大师。中国陶协理事、陶瓷艺委会常务理事兼副秘书长，中国工艺美术学会紫砂专委会副主任兼秘书长，国家发改委价格认证中心专家，江苏省乡土人才技能大师工作室、江苏省乡土人才大师示范工作室领办人，江苏省陶协副秘书长、陶瓷艺委会副会长兼秘书长，江苏省工美协会常务理事、陶艺专委会副主任，江苏省工美高级职称评委，南京大学艺术学院双创课程实践导师、南京工程学院创业导师、无锡工艺职业技术学院特聘教授，无锡市民协副主席，宜兴市文联副主席。并被授于江苏省有突出贡献的中青年专家，江苏省德艺双馨中青年文艺工作者，江苏省乡土人才"三带"名人，江苏省紫金文化创意英才，江苏省优秀青年民间文艺人才，江苏工美"十大工匠"，无锡市十大杰出青年等。三十多年来，埋首从艺、潜心制器，精于陶塑、工于壶技。是既能塑型又善壶艺的中青年代表人物。

壶底款　　壶盖款

长 140mm　宽 115mm　高 155mm　容量 450cc

雀提壶

"雀提壶"以朴素简练的设计手法，向人们展现了鸟儿飞出鸟笼奔向自由的画面，浓缩了人们对轻松闲适的美好生活的憧憬和向往。

此壶为光素器，主要以直线和弧线构成，在制作工艺和处理手法上均以饱满浑厚和朴实含蓄的风格来表达。壶身为一抽象鸟笼，方中寓圆，简洁沉稳，饱满而不失大气。壶身上部用"翻口线"和提梁贯通，过渡自然，和壶身融为一体，具有强烈的现代感，这是此壶在设计上的点睛之笔：一方面，此装饰线加强了壶身和提梁的有机联系，使之浑然一体；另一方面，该装饰线达到了艺术设计效果和技术处理手法完美融合的整体效果。壶身下部仅以一条内敛的直线作过渡处理，既起到了装饰效果，又减轻了壶身下部厚重的视觉感。壶盖为长方嵌盖，中间筑一方平台，壶钮为在此平台上栖息的一只活泼灵动的抽象小鸟，起到了寓动于静，动静结合的艺术效果。

江苏省陶瓷艺术大师，高级工艺美术师。中国美术家协会会员，中国工艺美术协会会员，中国盆景艺术家协会高级顾问，江苏省陶瓷艺术委员会委员。1954年出生于江苏宜兴丁蜀镇陶艺世家，1972年进入宜兴紫砂工艺厂，师从陈福渊老艺人，曾两次在中央工艺美术学院专修陶瓷造型设计。

施小马

壶盖款　　壶盖款

树桩蜂窝系列（第二代）

长 280mm　宽 168mm　高 128mm　容量 280cc

　　这件作品系本人原创的蜂巢系列之第2代新品，花塑、光素多种工艺综合运用，于2003年制作完成，泥料为50目拼紫泥。

　　这是一件意蕴深厚，又富有田园情趣的壶艺作品。设计时，运用黄金分割法，将156个等边六角形有机组列，锥形蜂巢体为壶身，老干新枝组成壶嘴、壶把和烘托壶身的三足，蜂形壶钮与壶身巢孔里的蜂嗡鸣呼应，壶盖与壶口交接，错落有致、贴切工整，达到了"天衣无缝"的境地。

　　蜂巢系列壶共推出三代新品，其制作难度尤以研制第二代作品时在壶内增设半球形内胆为最，经过一年多时间才试制成功。感恩其父王寅春传承的口盖技艺和恩师朱可心老艺人传授的花塑器技艺，同时加上他自己的创新，通过对不同泥质、不同部位在烧制过程中的收缩牵拉力度进行深入研究，经多次试验，终于摸索到了变化的规律。

　　他将对这套首创的蜂巢系列壶不断改进和完善，保持气派大度、端庄稳重的独特风格，将"百年传承，王氏壶艺"发扬光大。

王小龙

　　正高级工艺美术师，江苏省工艺美术名人，江苏省陶瓷艺术大师，中国工艺美术学会会员，宜兴市非物质文化遗产项目代表性传承人，无锡市非物质文化遗产项目代表性传承人，"百年王氏紫砂"优秀传承人。

　　1940年出生于江苏宜兴川埠上袁村（现紫砂村）紫砂世家，自幼随父学艺，1954年和父亲王寅春一起加入汤渡陶业生产合作社（紫砂工艺厂前身），1955年师从老艺人朱可心，成为新中国首届紫砂工艺班学员。

　　从事紫砂艺术六十多年来，所创作品造型端庄，工整隽秀，形神气韵融会贯通，传统文化气息浓郁，既吸收各流派精华，又富有探索创新精神，多件作品获得国家专利。传艺授徒，先后培养弟子数百人。多件新品在全国性工艺美术作品展评中获奖，并被多家博物馆（院）收藏。

| 壶底款 | 壶盖款 | 壶盖款 |

鸣晨

长 180mm 宽 130mm 高 95mm 容量 500cc

  壶身饱满圆润，恰如一位丰腴美女，底部虽瘦，却依然托起整把壶的重心，稳重大方，这样的设计，足见作者高深的技艺功底，自然之美，美中之力，不觉流露出来。"凤鸣"自然不能少了"凤"的造型，作者将凤形抽象化，以符合整把壶简约凝练、温婉流畅的独特魅力。壶口、盖平齐，壶嘴和壶把造型颇有新意，各自饰一小点，恰如画龙点睛之笔，抽象的"凤鸣"呼之欲出，跃入壶上，跃入眼前，格外夺人眼球，而这样的造型搭配，更喜呈"凤凰双鸣"之意，美好吉祥。寓意凤鸣吉祥、富贵如意，表达美好祝愿。

束旦生

  字石雪，硕陶斋主人。研究员级高级工艺美术师，江苏省陶瓷艺术大师，江苏省陶瓷艺术名人，江苏省工艺美术名人，中国工艺美术学会会员，江苏省工艺美术学会会员，江苏省陶瓷行业协会会员，江苏省徐悲鸿研究学会会员，中国宜兴紫砂文化艺术研究专委会会员。

  1944年生于江苏省宜兴蜀山紫砂陶业世家，1958年进宜兴紫砂中学读书学艺，由启蒙老师潘春芳教授，转入紫砂工艺厂后师从著名老艺人谈尧坤、任淦庭学艺。后致力于紫砂造型设计，从艺五十多年来，创作的新品多次获省、国家级工艺美术展评大奖。尤擅长陶刻装饰，对书法、绘画、篆刻、紫砂史等方面均有独到研究。作品具有传统文化气息而形成文人儒雅的个性艺术风格。曾多次参加国内外地区紫砂文化学术交流。

首富组壶

长 155mm 宽 110mm 高 60mm 容量 400cc

壶盖款

壶盖款

"鼠"是灵兽和报恩之兽，是善良，讲义气的动物。作为十二生肖之首，在过去，"鼠"还代表着财富。由于老鼠喜欢藏东西，人们利用这个习性，称鼠为"藏神"，预示着要把财富聚拢在一起。作者便借此一典故，将壶身、壶嘴和壶把参考古代青铜簋外形进行简易变化而成，且青铜簋在古代是盛食物的器具，作者又将老鼠扛米这一形象置于"粮仓"之上，壶身单线条与壶钮多线条的融合使整体造型更加丰富，更加有趣。作者希望借此壶预祝人们富足有余，幸福安康。

曹燕萍

研究员级高级工艺美术师，江苏省陶瓷艺术大师。1953年生于江苏省宜兴市丁蜀镇，师从著名紫砂陶艺大师何道洪先生学习紫砂成型技艺，其间两次被选送中央工艺美术学院陶瓷设计系陶瓷成型专业学习深造。在长达五十余年的紫砂陶艺生涯中，坚定不移地走继承传统和锐意创新之路，博采众长，集古今之典，形成了自成一格的艺术特色，作品曾两次入选"日本美浓陶艺展"，紫砂作品被国内外诸多专业杂志书刊发表，在茶文化领域受到广泛关注。

壶底款  　　壶盖款 　　杯垫款

长 140mm 宽 110mm 高 150mm 容量 220cc

居竹茶具

"居竹茶具"为本人设计制作的一套原创作品。宜兴竹海，闻名遐迩。竹，经冬不凋，故岁寒三友，竹居其一。我爱竹，更爱以"竹"的形象入壶。每当走进茂密的竹林，我都细细品查竹子的各种风貌、神态，更体会到"竹子虚心是我师"的本意。

在设计"五头居竹提梁壶"时，我以竹筒为壶身，竹节为嘴，竹枝倒立于平盖上为钮，从竹枝形钮延伸下来的小竹枝塑于盖面，并浮雕数片竹叶，剖开的两根竹片为竖梁，高跨度的提梁寓方寓圆，气势如虹。另外，套具杯、碟皆以竹为题材，整套作品，秀气却不乏张力。让您体会到一种生活在密密的竹林里，耳边是瑟瑟的竹音，脚下是潺潺的溪流的别样意境，由此也能感受到一种情致与灵感。该作品2006年获首届中国吴文化节金奖。

吴亚亦

1954年生于江苏宜兴，研究员级高级工艺美术师，江苏省陶瓷艺术大师，无锡市非物质文化遗产项目代表性传承人，中国陶瓷工业协会常务理事，江苏省工艺美术学会会员。

1971年进宜兴紫砂工艺厂，学习紫砂成型的基本技法与知识，得到高级工艺美术师高丽君老师启蒙。1976年师成带班培训徒工。1979年进中国工艺美术大师徐秀棠雕塑车间，带徒生产紫砂餐具及雕塑作品。1984年进紫砂研究所，专业紫砂创作设计，拜中国工艺美术大师汪寅仙为师，在师傅的悉心指导下，技艺逐渐纯熟。1989年被选送中央工艺美术学院陶瓷艺术系进修，在创作思路上有了进一步的提高，后在宜兴紫砂工艺厂致力于紫砂艺术创作。2006年创立吴亚亦紫砂艺术馆，专业传授紫砂技艺。作品常以雕塑手法与传统工艺相结合，制作精细、纹饰优雅，独具韵味。代表作品"印包壶""牛盖提梁壶"入选中南海紫光阁典藏，"源源流长壶"入选南京博物院永久典藏，"文房四宝壶""神灵玉鼎壶""蝠在眼前熏香炉""五头居竹提梁壶""雅集壶""青凤印纹壶""六头安居茶具""开心果"等作品相继在国内外陶艺精品展览会上参展获奖。

壶底款 　　壶盖款　　壶盖款

一帆风顺壶

长 170mm　宽 135mm　高 180mm

壶腹舟形，壶嘴从壶身胥出自然，圈足增添沉稳灵动之姿。提梁、壶钮皆取风帆造型，简洁流畅，气韵贯通，比例和谐。作品令人赞叹之处在于壶身、盖、钮的线条极富感染力，观之如行云流水，飘逸而不失内敛，既具有经典造型的隽永，又具有现代艺术的审美特征。简于形，精于心，在带给人们愉悦的视觉审美享受之外，还寄托了设计制作者良好的期冀和祝福，可谓是造型美与内蕴美的双重协奏曲。

强德俊

江苏省陶瓷艺术大师，研究员级高级工艺美术师，中国陶瓷工业协会会员，中国陶瓷工业协会陶艺委员会常务理事，江苏省陶艺委员会会员，江苏省工艺美术学会会员，中国工艺美术学会会员。

1957年生于宜兴。1976年进江苏省宜兴紫砂工艺厂，师从高丽君老师学习紫砂壶造型艺术。1980年拜徐秀棠为师学习紫砂陶雕塑艺术。1983、2007、2012年先后三次分别在中央工艺美术学院、清华大学美术学院、无锡职业技术学院紫砂陶瓷艺术高研班进修学习。

从事紫砂陶艺四十余年，作品以紫砂造型简洁见长，结合紫砂陶雕塑技法与语言，用写意和夸张的手法所营造的壶艺作品不拘一格，作品追踪时代步伐，富有想象力和时代感。

壶盖款

长 170mm　宽 130mm　高 140mm　容量 800cc

鱼化龙九件套

紫砂艺术品及紫砂壶传至当代，琳琅满目，而作为传统壶题材中的骄子，"鱼化龙壶"所蕴藏的中国文化内涵源远流长，根植深厚。"鱼化龙"亦称"鱼龙变化"，俗称"鲤鱼跳龙门"，鱼化为龙有吉星高照、金榜题名之寓意。

"鱼化龙壶"也叫"龙壶""鱼龙壶""鱼龙戏浪壶"，是历史上的经典名作，因蕴涵飞黄腾达、平步青云的寓意而又具实用，受到历代制壶、玩壶者的钟爱。通过"鱼化龙"这类吉祥纹样在紫砂壶上的装饰，表达出在汹涌波涛间，一鲤鱼、一舞龙踊跃的场景。壶身海涛以筋纹花样有序相连，是极为简单美观的连贯图案，盖顶呈现波涛卷盖的造型，并首创可伸缩的龙头，以泻浪的壶嘴与抽象的龙脊作壶把，首尾呼应、栩栩如生，整壶犹若云海翻腾、蛟龙出海。

陈洪平

江苏省陶瓷艺术大师，正高级工艺美术师，中国艺术研究院紫砂研究院客座研究员，江苏省陶协陶瓷艺术委员会理事，中国工艺美术学会会员。

1959年生于江苏宜兴，1982年从事紫砂制作，1993年参加中央工艺美术学院陶瓷系进修。其紫砂技艺全面，光素方圆器、筋囊器、花器俱佳，功底扎实。尤擅在传统的基础上，创作出富有时代气息的作品。曾与海派、津派书画大家参与文人壶创作。

作品曾获第五届全国陶艺创评比赛三等奖，景德镇国际陶艺节（1997）评比一等奖，华东工艺美术精品展（2002）评比金奖，第九届"大地奖"特等奖，江苏省艺博杯金奖，参加多届中国工艺美术大师精品博览会。并被中央工艺美术学院、中国工艺美术馆、河南博物院、首都博物馆等艺术机构收藏。2015年，在首都博物馆主办"紫玉墨韵—书画紫砂艺术联展"专场展览。

恋尘

长 120mm　宽 120mm　高 100mm　容量 250cc

壶盖款

壶盖款

大自然并不缺乏美，而是缺乏发现美的眼睛。干枯的残荷无论从色彩、质感、肌理等都别有一番情趣。作品有感而发，率意而作。

蒋才源

1962年出生于江苏宜兴，江苏省陶瓷艺术大师，正高级工艺美术师。1981年陶瓷公司职校学习陶瓷装饰，1982江苏省陶瓷研究所学习陶瓷雕塑，1986年中央工艺美院陶瓷美术结业。1992年进长乐弘陶艺有限公司，师从徐秀棠大师，从事紫砂雕塑和茶壶设计。

壶底款

壶盖款

壶盖款

长 180mm 宽 100mm 高 100mm 容量 400cc

琼智壶

此壶造型凝重端庄，壶身前接厚圆嘴，后连粗环把，丰腴圆柱壶身上面有壶盖弓成阶梯状桥型，周身矮实丰圆，整体线条挺拔，简约而秀润，内敛且厚重。壶中显示出的"博大气象"正与大中国的自然气息相契合，"豪迈放达"也与当代中国人的精神面貌互为表里。此作品具有深沉浓郁的人文气质，意境高远的艺术格调，流露着深刻的文化内涵和高品位的美学价值。

李 玮

别署大伟，正高级工艺美术师，国家一级技师，中国陶瓷设计艺术大师，江苏省陶瓷艺术大师，联合国教科文组织 IAC 国际陶艺学会会员，江苏省工艺美术学会陶艺专业委员会副秘书长，中国国家职业技能鉴定中心高级考评员、裁判员，江苏省美术家协会会员，宜兴市美术家协会常务理事，宜兴市吴冠中艺术馆特聘研究员，民盟中央美术院宜兴分院副院长，教育部职业院校艺术设计类专业教学指导委员会首届委员，无锡工艺学院时尚艺术与设计学院院长。

壶盖款

壶盖款

壶底款

似水

壶 长135mm 宽116mm 高131mm 容量450cc
杯 高37mm 直径57mm 容量80ml

《论语·雍也》有云："知者乐水，仁者乐山。"水之乐，源于它阅尽世间万物，仍能保持悠然与淡泊之心。作品"似水"，以"水"为灵感来源，融汇水的安静、自然与明澈，顺心而为，以无形之形赋予紫砂更多的可能性和生命力，以此达到"似水非水"的物我境界。

"似水"精选紫砂段泥全手工制作，塑造器物中水的灵动唯美。无论是造型还是装饰，水的变化都在其中，将水之美、水之乐表达得淋漓尽致，作品看似柔和却饱含生命的力量。作品由温度为1180℃的氧化焰烧造。

蒋雍君

1990年毕业于中央工艺美术学院陶艺系，同年入职无锡工艺职业技术学院，现为陶瓷学院院长、教授，正高级工艺美术师，兼任全国工艺美术标准化技术委员会委员，全国轻工职教专委会委员等职。获全国"三八"红旗手、江苏省优秀教师、江苏省"五一"劳动奖章、江苏工匠、江苏省技能大师等荣誉。

创作作品兼具学院专业性技巧与民间艺术质朴的气质，曾入选"第十三届全国美展""中国陶瓷艺术大展"等重要展览。

壶底款　壶盖款　壶盖款

长 207mm 宽 132mm 高 120mm 容量 680cc

叶问壶

该作品系茶禅一味组壶之一，也是作者评陶瓷艺术大师现场所作的作品。此作品以竹为题材，壶体造型饱满，圆润，肩部以一片灵动的竹叶贯穿身筒，滴子也是一片竹叶，和肩部的主叶遥相呼应，打破传统紫砂竹器之格局，以新颖别致的面貌展现作品，体现了竹自强不息、顶天立地的精神，清华其外，澹泊其中，清雅脱俗，不作媚世之态之品格。

陆君

高级工艺美术师，江苏省陶瓷艺术大师，正高级乡村振兴技艺师，首届陶都宜兴十佳青年陶艺家，宜兴市非物质文化遗产代表性传承人，无锡工艺职业技术学院副教授，中国陶瓷工业协会陶瓷艺术委员会常务理事，中国艺术家协会陶艺专业委员会副理事长，江苏省发展和改革委员会江苏省价格认定专家库省级专家。

1983 年考入紫砂工艺厂，师从江苏省陶瓷艺术大师吴群祥，学习传统手工艺制壶技法。徒工期间的学习练就了扎实的手工制壶技法，为今后的紫砂艺术之路奠定了坚实的基础。1985 年考入厂研究所，跟随中国陶瓷艺术大师、研究员级高级工艺美术师曹婉芬进一步学习紫砂陶的制作与创新设计，对全手工成型的技法更趋得心应手，后又得到中国工艺美术大师吕尧臣关心指导，在创新能力上和理解认识上得到了提升。1988 年进中央工艺美术学院进修陶瓷造型设计。2010 年，和夫人范建华创办"苑林阁紫砂艺术研究中心"。

壶底款　　壶盖款　　壶盖款

一片竹

长 205mm　宽 68mm　高 107mm　容量 500cc

紫砂壶与竹子是两个互不关联的事物，在"一片竹"的创作思路中将这两种文化元素融合，用紫砂方器的造型与紫砂花器的装饰来解读竹子的品质、禀赋和审美。在欣赏紫砂壶的同时感悟竹子"日出有清荫、月照有清影、风吹有清声、雨来有清韵"的诗情画意。一壶两杯都呈方形，仅有几片竹叶，几段竹枝点缀，凸显竹的主题，跃动着艺术的生命，展示作品大雅若淡，清丽澄明的壶艺风格。

喻小芳

1967年出生于江苏宜兴，1982年起从业紫砂制作，师从汪寅仙大师。中国民主同盟盟员，江苏省陶瓷艺术大师，正高级工艺美术师，正高级乡村振兴技艺师，高级技师，江苏省技术能手，江苏省"五一"劳动奖章获得者，江苏省巾帼建功标兵，无锡市巾帼建功标兵，中国艺术研究院访问学者，中国工艺美术学会会员，中国陶瓷工业协会陶瓷艺术委员会常务理事，江苏省陶瓷艺术委员会理事，江苏省首批乡土人才"三带"能手，江苏省第二批乡土人才"三带"名人，陶都宜兴制壶名人，首届陶都宜兴优秀青年陶艺家，宜兴紫砂合格承传人，无锡市非物质文化遗产项目代表性传承人，宜兴陶协女陶艺家分会副会长，宜兴紫砂九隽陶艺有限公司监事。获江苏省工美行业"十大工匠"提名奖。

壶底款 　　壶盖款 　　壶盖款

茶杯　长 65mm　宽 90mm　高 50mm
花插　长 100mm　宽 110mm　高 205mm
杯垫　长 110mm　宽 100mm　高 15mm
公道杯　长 125mm　宽 70mm　高 95mm
茶叶罐　长 120mm　宽 80mm　高 110mm
壶　长 150mm　宽 80mm　高 120mm
炉香　长 110mm　宽 70mm　高 50mm
笔筒　长 115mm　宽 85mm　高 180mm

太平清宴文房组合

采自玉砂泥手工制作，砂性十足，朴拙有韵。集茶壶、公道杯、茶杯、碟、炉、罐、瓶九件茶具文房器于一组，造型磅礴大气，线条端庄凝重。"似鹿犹依草，如龙欲向空。"每件器皿均铭以铁线篆作装饰，古朴气息淋漓凸显。

蒋琰滨

江苏省陶瓷艺术大师，正高级工艺美术师，正高级乡村振兴技艺师，国家级高级技师，中国工艺美术学会紫砂艺术专业委员会副秘书长，联合国教科文组织国际陶艺学会（IAC）会员，英国伦敦大学特聘教授，民盟中央美术院理事，江苏省工艺美术学会学术委员会专家委员，江苏省紫金文化创意英才，江苏省轻工行业"十大工匠"，江苏省"六大人才高峰"高层次人才，江苏省首届乡土人才"三带"名人，江苏省蒋琰滨乡土人才大师示范工作室，江苏省技能大师工作室领办人，江苏省陶协陶瓷艺术委员会副会长，江苏省工艺美术行业协会陶艺专委会副主任，江苏省陶瓷类价格认定专家，江苏省工艺美术专业高级职称评审执行委员，无锡市有突出贡献中青年专家，无锡市"五一"劳动奖章获得者，宜兴市陶瓷行业协会陶刻协会会长，宜兴市美术家协会副主席。

壶底款　　壶盖款

金瓜壶

长 140mm　宽 97mm　高 110mm　容量 400cc

宜兴太湖之滨盛产香瓜，每年夏季，一筐筐的香瓜上市，那不仅是香甜的美味，更是留在记忆深处的童年回忆。那种趣味，是生活带给我们的美好，是丰收的喜悦，是劳动所获的硕果。

作品"金瓜壶"以夏日佳果香瓜为创作原型，壶、嘴、把比例得当，藤、叶刻画细致，生动形象，整把壶形神皆备，气韵生动，充满情趣，表达了丰收的喜悦与对生活的热爱。瓜果花货常常以写实或夸张的手法拟瓜果之态，抓住主要形态特征，适当取舍，堆雕捏塑，反映出大自然的朴实与美感。我们将此视若珍宝，将这满载的情谊融入紫砂壶中，这作品就是鲜活的，能带给大家愉悦的感受，获得美的共鸣。

江苏省陶瓷艺术大师，正高级工艺美术大师，正高级乡村振兴技艺师，高级技师（一级），江苏省乡土人才"三带"名人，江苏省"五一"创新能手，无锡市企业首席技师，宜兴陶都宜兴制壶名人，宜兴市学术技术带头人，宜兴市非物质文化遗产传承人，顾景舟艺术学院兼职教授。

1971年生于江苏宜兴紫砂陶艺世家，经过多年的研究和实践在制壶技艺上有了新的突破，尤以光器、花器见长，手法细腻、造型简洁。作品圆润中透灵气、繁复中含精炼。

范黎明

壶底款　　壶盖款

长 153mm　宽 102mm　高 105mm　容量 300cc

亦醉壶

精选原矿紫砂青段泥，整体运用传统工艺纯手工制作，壶身仿古酒器，将其融合到紫砂艺术当中，选用葡萄为题材去点缀，葡萄塑，玲珑姿，叶子自然舒展极为形象逼真，仿佛真有一葡萄藤蔓延其上，工艺独到将传统与自然互动生趣，传神达意，多了份古趣天成的效果。

潘跃明

正高级工艺美术师，正高级乡村振兴技艺师，国家职业技能一级（高级）技师，江苏省传统技艺技能大师（首届），江苏省技术能手，江苏陶瓷艺术委员会会员，中国工艺美术学会会员，

宜兴市非物质文化遗产项目代表性传承人，江苏省陶都中等专业学校顾景舟紫砂艺术学院兼职教授。

1971年生于陶都宜兴，1988年进入江苏宜兴紫砂工艺厂，随谈跃伟老师（现江苏省工艺美术大师）学艺，经过多年的悉心钻研，刻苦学习，制壶工艺严谨，一丝不苟。2008年入江苏省陶瓷艺术大师江建翔老师门下，所制作品气韵流畅，线条明快舒畅，特别注重内涵，作品风格既继承传统，又不乏自我的鲜明个性。

壶底款　　壶盖款　　壶盖款

隽宏提梁

长 160mm　宽 120mm　高 180mm　容量 500cc

  作品借鉴传统"秦权"的造型，加入作者个人的理解和领悟，将秤砣形壶身以方圆结合的造型呈现，使壶体自上而下呈发散之状，平底设计大气周正，更显整器端庄稳重。直流挺拔有力，刚劲十足，截盖设计与壶体线韵一致，浑然一体，壶嘴小巧精致，与壶身对应成势，提梁把纤细坚固，古雅别致。两只小杯亦方中寓圆，与壶气韵连贯。作者将壶流、壶把、壶钮纤细隽秀的姿态，和壶体的宏伟大气进行了巧妙的融合与对比，都完美地表达出紫砂的精、气、神、韵。整把壶取材独具一格，在造型和主题上既有传统，又在传统的内涵里凸显新意，传统与创新相呼应，可谓独具匠心。

毛子健

  江苏宜兴丁蜀镇人，江苏省陶瓷艺术大师、江苏省乡土人才"三带"名人、正高级工艺美术师、正高级乡村振兴技艺师、中国艺术研究院访问学者、无锡市级非遗代表性传承人。宜兴丁蜀毛氏后裔，自幼在祖父毛顺生创办的"毛顺兴陶器行"里接受父亲毛国强紫砂技艺熏陶，承其质朴家风、家学渊源与艺术风格。未及弱冠，随宜兴紫砂名家刘建平学习紫砂基本技能，采众家技艺之所长。20 世纪 90 年代，曾先后赴清华大学美术学院（原中央工艺美术学院）、南京师范大学修习、治学。其间，谦恭待人、不耻下问、勤于体验、潜心典籍，研读古今中西壶具之器、工、彩、饰及文理，加以实践不断深化对于传统制陶文化内涵的理解，坚持不懈探寻知行合一，做好壶之路径。

  近年来，壶艺已渐入佳境，壶之造型工整多变，细节灵动蕴含意趣，整体崇尚功能与形式。

| 壶底款 | 壶盖款 | 壶把款 |

长 150mm 高 90mm 容量 500cc

俏色含香

  山茶花开艳艳如春色，皎皎如月华，掩映在重重绿叶之中。猫戏花丛，如一洗清泉，浸润眼界。春花秋实，夏绚冬藏，人生好风光，尽在此处。器身为扁圆形，横向空间多，给人以圆润饱满、端正的感受。壶体色彩丰富，绿泥做茶树叶，翻卷为壶嘴，茶树枝为把，疤节嶙峋，自下而上牵出茶花，攀附于壶身。壶面置红花，有含苞、有盛放，中间绿叶渐层而上，稚猫为安详恬雅的画面添加了几许热闹活泼。大猫为钮，坐卧于壶盖，端庄之姿与壶身小猫的顽皮形成对比，画面中的猫没有繁琐的细节刻画，仅以寥寥数笔便点染出它们专注的神态和嬉戏顽皮时的逍遥自在，憨态可掬，极富轻盈之趣。整器空间层次丰富，蓬勃生机又充满茶园闲适之乐。

赵曦鹏

  江苏省陶瓷艺术大师、正高级工艺美术师、正高级乡村振兴技艺师。现为"季畅园"主创人员，季益顺壶艺流派的优秀传人。1975年出生于宜兴，1992年师从中国工艺美术大师季益顺先生，从事紫砂陶艺创作设计。作品造型端庄大方，品格清丽高雅，注重作品内涵与意境的表达，尤擅长于壶上的浮雕、贴塑、装饰画面与主题造型和谐统一，取材于自然，巧以构思给人一种沁人心脾的诗情画意，有自己独特的艺术风格。

壶底款 　　壶盖款 　　壶盖款

禅墩·唯想

长 160mm　宽 90mm　高 150mm　容量 350cc

此壶以段泥抟制，筋纹饰，嵌盖折腹，直流耳把，钮饰以佛头镂空装饰，通身阴阳筋纹交错，使其产生强烈的层次律动感，此筋纹器工艺难度大，体现了作者手工技艺的同时，用阴阳筋纹还表达了太极阴阳之势，通体观之，大道至简，便是一阴一阳为之道。

范泽锋

江苏宜兴人，1976年6月出生于西望村紫砂世家，又名哲丰，字文成，本科学历。2007年5月入党，1994年8月参加工作，第十二届江苏省政协委员，江苏省宜兴市丁蜀镇西望村党总支书记、村主任，宜兴爱宜艺术陶瓷有限公司董事长兼艺术总监，正高级工艺美术师。先后获得：江苏工匠、江苏省有突出贡献的中青年专家、江苏省技术能手、江苏省乡土人才"三带"名人、江苏省轻工业行业十大工匠、江苏省传统技艺技能大师、江苏省第五期"333高层次人才培养工程"培养对象、江苏省陶瓷艺术大师、江苏省"百名示范"村书记等称号。

壶底款

壶盖款

壶 高 125mm 宽 112mm 容量 500cc
杯 高 49mm 宽 74mm 容量 100cc
杯盘 高 12mm 宽 95mm

锦绣如意套壶

　　此壶为献礼中国共产党成立 100 周年而制，站在紫砂艺术的角度，歌颂祖国一百年砥砺奋进，一百年山河锦绣，一百年生生不息的盛世繁华。创意源自 2019 年中国北京世界园艺博览会中国馆主场馆"锦绣·园艺情、如意·中国梦"的主题，将中华建筑智慧、中华传统文化和中国工匠精神结合紫砂壶的创作，具有较强的艺术性、思想性，以及民族精神与爱国情怀。整器构思巧妙，匠心独运，造型融合了传统与筋纹器型，线条行云流水，自然灵动，优雅而饱满的神韵由内而外流露，端庄大气而又秀外慧中。壶底、杯底、碟盏以筋囊塑造出花开锦绣的效果，壶肩、壶盖、杯鋬则以如意和金砂装饰，若繁星满天，锦上添花，寄寓着"锦绣如意、盛世中华"的美好祝福。

顾婷

　　正高级工艺美术师，正高级乡村振兴技艺师，江苏省陶瓷艺术大师，江苏省乡土人才技能大师工作室领办人，江苏省第五期"333工程"第三层次培养对象，江苏省第二批乡土人才"三带"名人，江苏省"紫金文化人才培养工程"文化英才，江苏工美"十大工匠"提名，无锡市政协委员，无锡市民间文艺家协会理事，中国艺术研究院访问学者。1976 年出生于蜀山南街，1992 年进江苏宜兴紫砂工艺厂研究所随父中国工艺美术大师顾绍培学习制壶技艺，2013 年毕业于南京师范大学美术学（美术教育方向）专业。擅长全手工传统技法，尤其能熟练掌握历代名家经典器形。创作作品题材广泛，各具神韵，备受关注，近年创作的新品"静源壶""玉莲之韵""锦绣如意套壶"，与清华美院张守智教授合作的《智源壶》等，屡获全国大奖，很多优秀作品都被国家博物馆收藏。2010 年个人专著《汤杰顾婷紫砂艺术作品集》由黑龙江美术出版社出版，2014 年出版了个人专著《陶然自得—汤杰顾婷原创紫砂作品集》《陶里成蹊—陶园阁紫砂艺术》，2021 年出版个人专著《顾脉亭苑》。

壶盖款　　壶底款

三足熙圆

长 140mm　宽 106mm　高 84mm　容量 365cc

"三足熙圆壶"为清华大学美术学院高研班结业创作设计的作品，壶体造型圆润，整体感强烈，着力于嘴、把、钮的刻画，增强于壶主体的对比，使该壶亲和中透出秀雅，形神兼备。

吴奇敏

正高级工艺美术师，正高级乡村振兴技艺师，江苏省特级技能大师，江苏技能状元，江苏大工匠，江苏省"三八"红旗手，江苏省"333高层次人才培养工程"第三次培养对象，江苏省首批乡土人才"三带"名人。

1964年生于陶艺世家，1979年从事紫砂陶制作。1985年师从吴群祥，2009年拜吕尧臣为师。

吴奇敏经过四十多年的勤恳努力，在严格的创作实践中，坚持认真细致的工艺实践磨练，逐渐形成了严谨、和谐、典雅的紫砂技艺风格。

| 壶底款 | 壶把款 | 壶盖款 | 壶盖款 |

花团锦簇

长 161mm 宽 109mm 高 113mm 容量 450cc

  器形法度严谨，显示出张弛有度的节奏感，以纯熟的技艺，将清代宫廷制器的镂雕风格，与朱泥金砂的独特肌理相结合，以花卉作为审美对象和雕刻图饰，又依器形巧施变化，展现出清雅与华贵并存之美。设计灵感源自大自然春暖花开、百花绽放、花团锦簇的美丽景象。壶体上宽下窄，由六面拼接而成，以梅、兰、竹、菊、荷花等为装饰，花卉形姿各不相同，每个面都是不一样的景致。镂雕刻画新颖独特，玲珑富丽，令观者的目光于精美的画面之中，达到视觉上的享受，蕴含其特有的文化气质。

范永军

  江苏省首批传统技艺技能大师、正高级工艺美术师、正高级乡村振兴技艺师。1962 年生于宜兴，从艺于 1991 年，先后拜师江苏省工艺美术大师范伟群、中国工艺美术大师吴鸣。学艺重博取，在系统研学紫砂技艺的同时，对王宫御用茶器、民间木雕、玉雕、剪纸等手工艺广泛涉猎，且学且用，将多种技艺融入创作设计之中。朱泥贴花系列、玲珑镂空系列壶，在市场上识别度较高，集实用、欣赏、收藏于一身。

| 壶底款 | 壶盖款 | 壶盖款 |

雅坤

长 255mm 宽 180mm 高 145mm 容量 2000cc

天地存雅瓣瓣丰，乾坤流芳段段情。括挺短嘴蕴含露，玉环枝柄宴华庭。

范友良

江苏省传统技艺技能大师，研究员级高级工艺美术师，正高级乡村振兴技艺师，江苏省优秀中国特色社会主义事业建设者，江苏省乡土人才"三带"能手，江苏省技术能手，江苏省企业首席技师，中国民间文艺家协会会员，无锡市乡土人才大师工作室领办人，无锡市"五一"劳动奖章获得者，无锡市政协委员，宜兴市非物质文化遗产代表性项目名师工作室领办人。1970年出身于制陶世家，三十余年研砂索陶，日积月累，从未倦怠，从而练就了一身过硬的紫砂制壶技术，尤其在传统全手工成型方面，有着颇为精深的造诣。作品构思新颖，韵味独特，博采众长，在借鉴传统技法的基础上，不断吸收传统相关艺术门类中的精华，在紫砂壶的设计与制作上有很多独到的见解。

其作品在国内外获奖40余次，多次获全国性陶艺创新设计评比一等奖、金奖，作品与论文曾先后发表于多种权威报刊和杂志，有多件作品被各地博物馆收藏。

壶底款 　　壶盖款 　　壶盖款

长 140mm　宽 75mm　高 120mm　容量 330cc

吉直壶

　　"吉直壶"为曼生十八式中的经典器型，总体造型简练浑朴，寓刚挺于巧丽之中，具有时代器皿造型简朴大度的气势，堪称早期紫砂壶造型高雅佳作。圆柱体壶身，气势挺拔，高颈、平盖、长壶流、大耳把，比例和谐，过渡自然。

　　这件作品为本人仿制清代经典作品"吉直壶"，审视经典总带有敬畏之心，今心摹手追，始知巧易而古拙尤难也。今古对话，必有相去之处，如同人生，终是经历。

范小君

　　江苏省乡土人才技艺技能大师，高级工艺美术师，高级一级技师，全国技术能手，全国陶瓷行业技术能手，江苏省技术能手，江苏省"五一"劳动奖章，江苏省"五一"创新能手，江苏省乡土人才"三带"能手，无锡市"五一"劳动奖，第四届陶都宜兴"十佳"青年陶艺家，第三届陶都宜兴优秀青年陶艺家，宜兴陶瓷行业陶刻协会副会长，宜兴市青联会理事，宜兴市美协理事，江苏省陶瓷行业协会陶专会理事。

　　1975年生于陶都宜兴，本科学历，师承中国工艺美术大师毛国强。1994年参加工作至今，师承中国工艺美术大师毛国强。坚持陶刻装饰至今已二十余年，作品大致以线条见长，俊逸清秀，为其特色，是一位低调的实力派陶刻家。

壶底款 　　壶盖款 　　壶盖款

汉风提梁壶

长 120mm　宽 95mm　高 220mm　容量 550cc

　　汉风唐韵激荡着悠悠千载的中华传统文化，留给后人的是风骨奇高的典雅气象。"汉风提梁壶"整体上表现出沉稳敦睦，雄强自信的艺术特质。

　　壶取四方体，直腹微侈，表现出一种恢宏的气度，流把亦四方，辅之以恰当的灵动变化，壶身色泥装饰，具有别样的新意和美感。壶盖绞泥，大胆的艺术夸张饶有风趣。

　　"汉风提梁壶"艺术形象的生动再现，正是将陶艺风格与时代艺术精神相结合作品。

　　江苏省传统技艺技能大师，高级工艺美术师，一级技师，全国陶瓷行业技术能手，江苏省技术能手，江苏省乡土人才"三带"能手，中国工艺美术学会会员，江苏省工艺美术学会会员，宜兴市丁蜀镇青年陶艺家联谊会会员，陶都宜兴优秀青年陶艺家。

　　1976年生于陶都宜兴，1996年师从高级工艺美术师吴祥大先生，2007年拜中国陶瓷艺术大师邱玉林先生为师，学习紫砂技艺的创作与造型设计，作品继承中华优秀传统，以方器见长兼工圆器，造型典雅端庄，线条挺括，浑厚质朴，于方正中见精神，朴雅中显气韵，力求精益求精，传统与创新结合，相得益彰，互为辅助。

何卫枫

壶底款 　　壶盖款

长 150mm　宽 110mm　高 160mm

田园闲趣

作品以南瓜为题材，用手工成型方式，传统粉浆工艺制作而成。南瓜为壶身，包叶为嘴，瓜蒂为钮，瓜藤为梁，以南瓜叶蔓和瓢虫为景等体现悠然自在的田园闲趣风情。

顾云峰

江苏省传统技艺技能大师，高级工艺美术师，高级乡村振兴师。国家一级技师，江苏省技术能手，江苏省首批乡土人才"三带"新秀，无锡市"五一"创新能手，宜兴市"十佳"青年陶艺家（第五届）。

1976年生于江苏宜兴，在父辈的熏陶下1992年进紫砂工艺五厂学习紫砂雕塑和造型艺术，进修于南京师范大学艺术设计专业，师承江苏省陶瓷艺术大师江建翔老师、丁洪顺老师。2014年全手工比赛中创作的作品"野趣"获得一等奖，2015年获"景舟杯"全手工比赛金奖。2017年首届"乡土杯"技能大赛中取得三等奖。

文人陶语

文质彬彬以 陶语沁佳茗

第三篇章

壶底款

壶盖款

壶盖款

福
原矿紫泥　容量 420cc

顾晓彬制　孙晓云书　于雷刻绘

　　顾晓彬，高级工艺美术师，2015年首届"景舟杯"大赛银奖得主，中国工艺美术学会会员。1971年生于江苏宜兴受到紫砂艺术的熏陶，对紫砂工艺有着浓厚的兴趣。1989年进入宜兴紫砂工艺美术二厂徒工班学艺，练就了扎实基本功，为以后的陶艺生涯奠定了基础。1990年进入宜兴紫砂厂五厂华艺究所工作，在丁亚平老师的指点下进行新品的创作、设计。2012年拜入"紫砂四小龙"之一的江建翔大师门下，紫砂壶的创新与创作能力取得长足的进步，奠定了现在紫砂实力派老师的地位。

　　于雷，中国书画创作院西部分院文创产品研创中心研究员，中国民俗摄影家协会黄土地文化交流中心特约专家，陕西省美术家协会会员，西安市美术家协会会员，南山书院特聘书画家，霍松林国学院书画艺术中心主任，西安市非物质文化遗产协会会员，陕西艺术职业学院美术与设计学院外聘教师。作品获"第四届陕西省艺术节"优秀作品，作品获"秦风汉韵"上海书画精品展银奖，作品多次参加美术展览，多幅作品被收藏。

明炉

沙皮青　容量 280cc

范国勤制　朱关田书　于雷刻绘

范国勤，高级工艺美术师，高级乡村振兴技艺师。1971年出生于陶都宜兴，南京师范大学工美本科专业毕业，自1990年起，潜心研习紫砂造型艺术和制作技艺。作品于传统器韵之中蕴时代新意。2006年，被评为中国当代紫砂百杰。

壶底款

壶盖款

壶盖款

汉铎

紫泥　容量 500cc

钱泽云制　吴山明书　于雷刻绘

钱泽云，1985年出生于顾景舟故里洋渚村。2003年退伍后，跟舅舅蒋小军系统学习紫砂壶的设计制作，成长为一名实力派青年陶手，创立有观壶堂紫砂制作工作室。2016年在阳羡旅游风景区创立观壶堂紫砂文化制作体验中心，与吴山明教授合作制作的"汉铎壶"，被吴山明艺术馆永久收藏。

大彬圈钮

紫泥　容量 350cc

顾晓彬制　刘江书　于雷刻绘

松报春

紫泥 容量 420cc

顾晓彬制 孙晓云书 于雷刻绘

壶底款

壶盖款

壶盖款

丁卯

清灰泥　容量 230cc

顾晓彬制　吴山明书　于雷刻绘

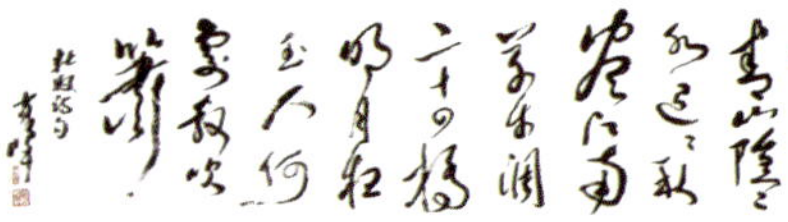

汉瓦

高温青段 容量 260cc

范国勤制 肖峰书 于雷刻绘

壶底款

壶盖款

壶盖款

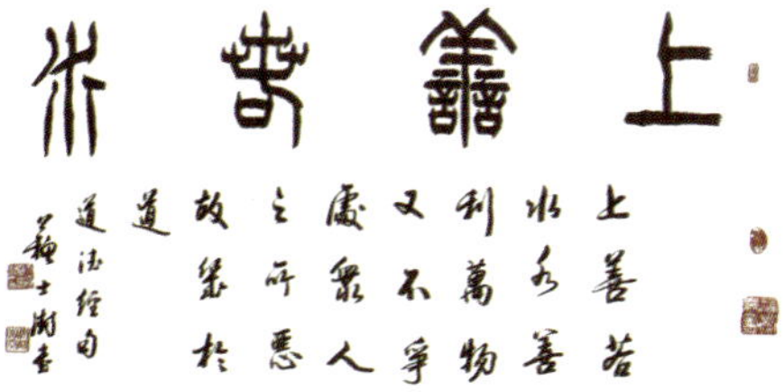

上善若水
水善利萬物又不爭
處眾人之所惡
故幾於道
道德經句 蘇士澍書

壺底款

壺蓋款

壺蓋款

平盖石瓢
高温青段 容量 250cc

范国勤制 苏士澍书 于雷刻绘

满瓢壶

紫泥 容量 400cc

顾晓彬制 苏士澍书 于雷刻绘

壶底款

壶盖款

壶盖款

自强不息 厚德载物
自强不息厚德载物
老子语 苏士澍书

壶底款

壶盖款

壶盖款

井栏
紫泥　容量 350cc

顾晓彬制　苏士澍书　于雷刻绘

壶底款

壶盖款

壶盖款

瓦当
民国绿泥　容量 410cc

顾晓彬制　朱关田书　于雷刻绘

壶底款

壶盖款

壶盖款

长四方
民国绿泥　容量 320cc

范国勤制　何水法书　于雷刻绘

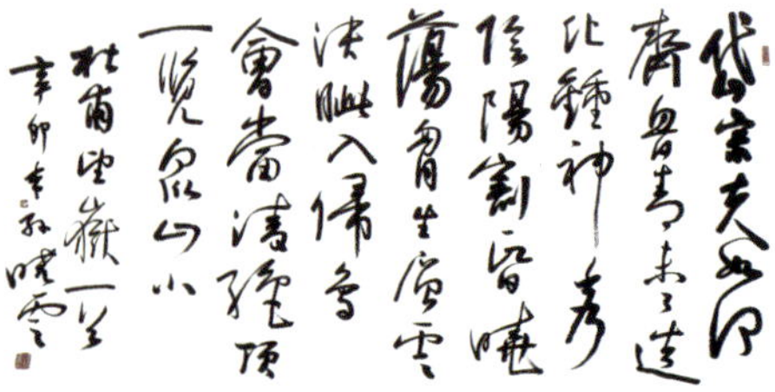

汉铎

紫泥　容量 460cc

范国勤制　孙晓云书　于雷刻绘

壶底款

壶盖款

壶盖款

壶底款

壶盖款

壶盖款

竹报春
紫泥 容量 420cc

顾晓彬制 孙晓云书 于雷刻绘

大彬圈钮

紫泥　容量 350cc

壶底款

壶盖款

壶盖款

顾晓彬制　朱关田书　于雷刻绘

壶底款

壶盖款

壶盖款

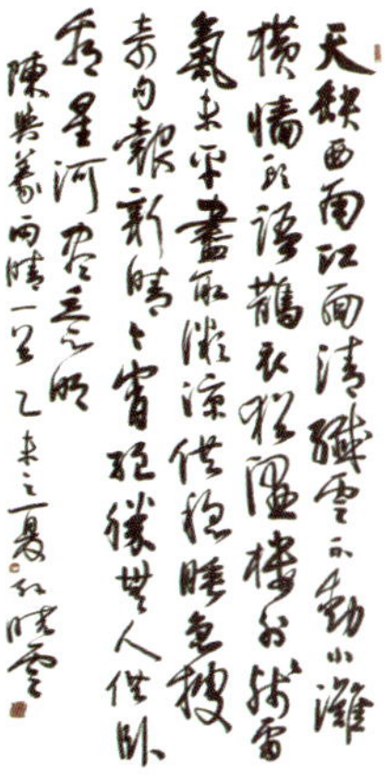

天低四南江南清職雲永勁小灘
橫情或諸龍衣松陸樓好斜雷
氣朱平畫雨微深低抱睡魚般
春日報新時之宵瓏緣黛人低臥
秀星河冥志酬
陳巽菴兩賸一至乙末之夏晓雲

汉君
百目紫泥　容量 420cc

顾晓彬制　孙晓云书　于雷刻绘

亚明四方

清灰泥 容量 400cc

顾晓彬制 孙晓云书 于雷刻绘

壶底款

壶盖款

壶盖款

三足如意
百目紫泥 容量 360cc

顾晓彬制 肖峰书 于雷刻绘

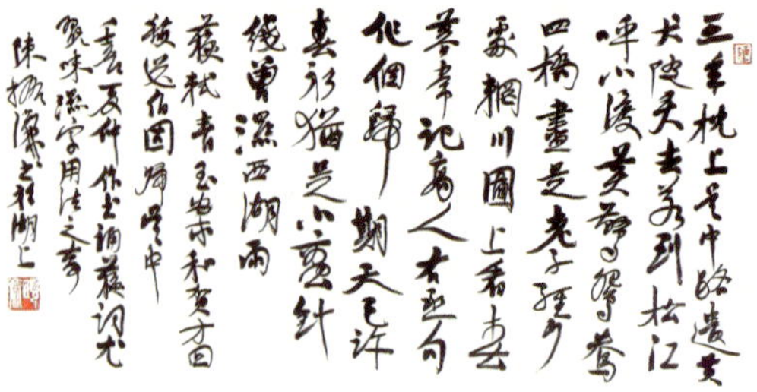

狮球

百目紫泥 容量 420cc

顾晓彬制 陈振濂书 于雷刻绘

壶底款

壶盖款

壶盖款

壶底款

壶盖款

壶盖款

柱础
龙血砂 容量 380cc

顾晓彬制 吴山明书 于雷刻绘

六方扁玉

民国绿泥　容量 500cc

范国勤制　何水法书　于雷刻绘

壶底款

壶盖款

壶盖款

壶底款

壶盖款

子冶石瓢
紫泥 容量 240cc

嘉雨制 吕国璋书 于雷刻绘

王磊，号嘉雨。1982年生于江西，自小喜好美术，起初学习泥塑，因对紫砂艺术产生浓厚兴趣，2014年开始学习紫砂壶制作。在多年的摸索和积累中对传统素器有了一定的理解，作品以传统光素圆器为主，部分作品被各类杂志和书刊收录，嘉雨潜心钻研，光素圆器博采众长，力求精益求精，使每件作品的"精""气""神"三要素完美融合，古朴大气，工艺精湛，获得广大壶友的认可与好评。

壹底款

壹盖款

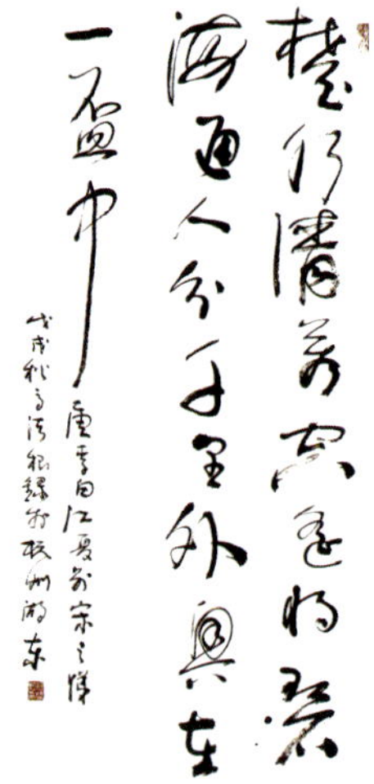

汉方
清灰泥 容量 320cc

顾晓彬制 高法根书 于雷刻绘

231

福临八方

紫泥还原烧　容量 360cc

顾晓彬制　刘江书　于雷刻绘

汉方

清灰泥 容量 320cc

顾晓彬制 陈振濂书 于雷刻绘

233

壶底款

壶盖款

壶盖款

梅报春
紫泥 容量 420cc

顾晓彬制 孙晓云书 于雷刻绘

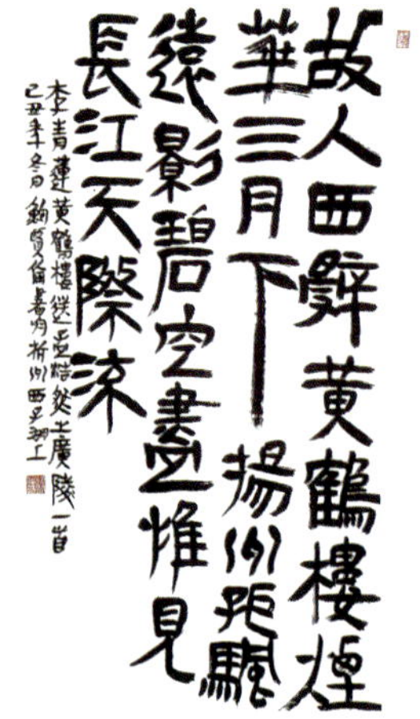

汉方

清灰泥 容量 320cc

顾晓彬制　鲍贤伦书　于雷刻绘

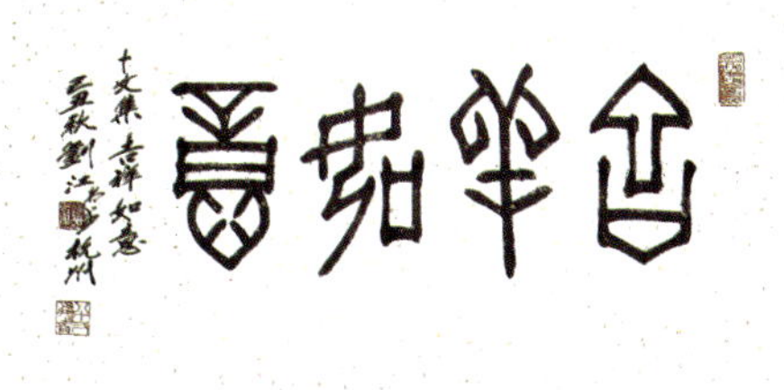

井栏

原矿紫泥　容量 350cc

顾晓彬制　刘江书　于雷刻绘

汉铎

紫泥 容量 460cc

范国勤制 苏士澍书 于雷刻绘

鲍尊
原矿紫泥 容量 320cc

范国勤制 梁平波书 于雷刻绘

壶底款

壶盖款

壶盖款

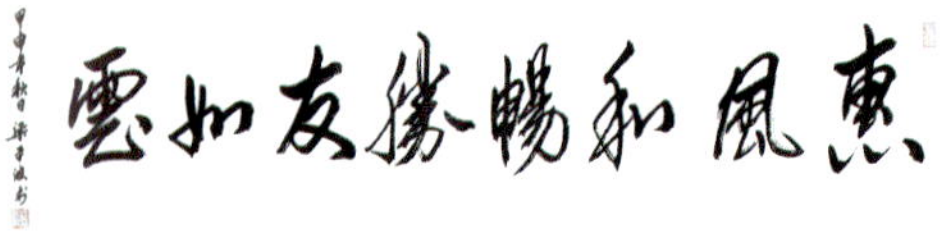

亚明四方

青灰泥　容量 400cc

顾晓彬制　梁平波书　于雷刻绘

吴山明《紫气东来》

壶底款

壶盖款

壶盖款

福临八方
清灰还原烧 容量 360cc

顾晓彬制 吴山明书 于雷刻绘

吉祥如意

汉铎
紫泥 容量 460cc

范国勤制 余晖书 于雷刻绘

博雅達觀

壺底款

壺蓋款

壺蓋款

大彬圈钮
紫泥　容量 350cc

范国勤制　肖峰书　于雷刻绘

余晖《马》

壶底款

壶盖款

壶盖款

牛盖宝象
龙血砂　容量 350cc

顾晓彬制　余晖绘　于雷刻绘

壶底款

壶盖款

壶盖款

井栏
紫泥　容量 350cc

顾晓彬制　潘公凯绘　于雷刻绘

鲍尊

原矿紫泥　容量 320cc

范国勤制　肖峰书　于雷刻绘

壶底款

壶盖款

壶盖款

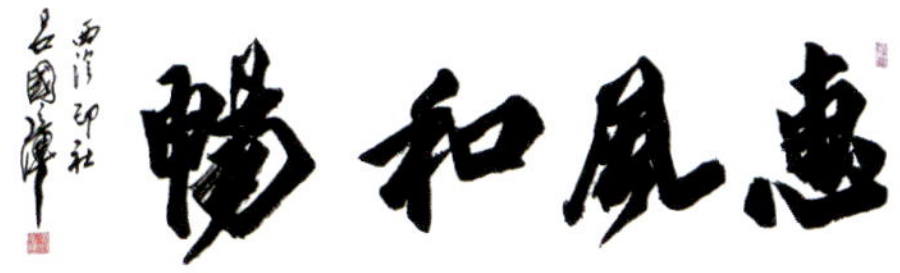

惠和风畅

壶底款

壶盖款

壶盖款

三足乳丁

百目紫泥　容量 390cc

顾晓彬制　吕国璋书　于雷刻绘

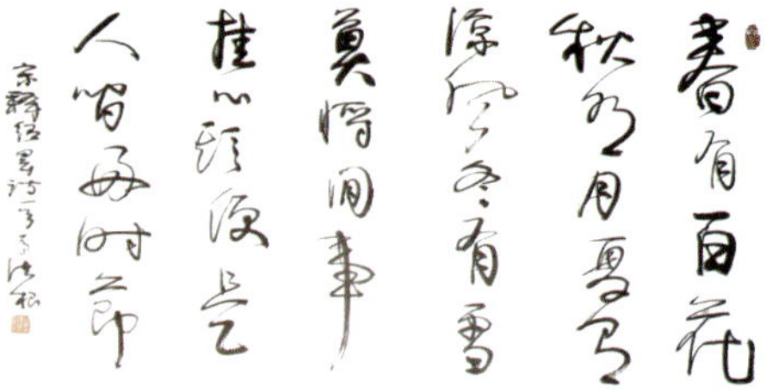

牛盖

龙血砂　容量 260cc

顾晓彬制　高法根书　于雷刻绘

宝雅人和

壶底款

壶盖款

壶盖款

井栏
百目紫泥　容量 550cc

顾晓彬制　吕国璋书　于雷刻绘

如意套组

段泥 容量 330cc

顾晓彬制 孙晓云书 于雷刻绘

壶底款

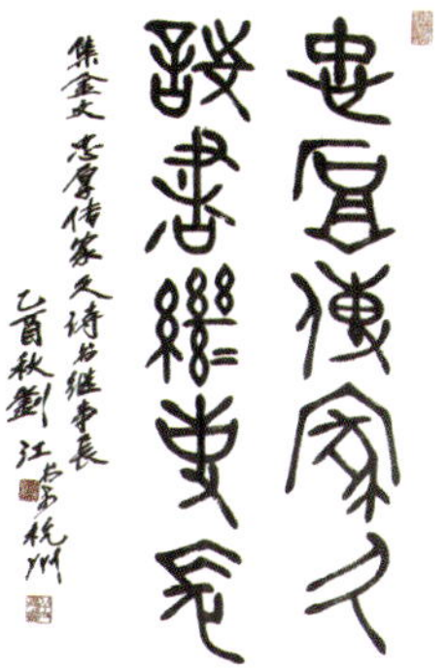

壶底款

壶盖款

壶盖款

鲍尊

原矿紫泥　容量 320cc

范国勤制　刘江书　于雷刻绘

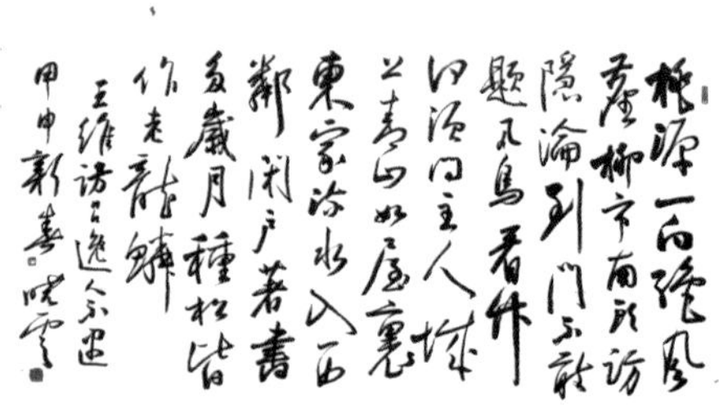

秦权

龙血砂 容量 260cc

范国勤制 孙晓云书 于雷刻绘

壶底款

壶盖款

壶盖款

景舟石瓢

紫泥　容量 220cc

嘉雨制　吕国璋书　于雷刻绘

壶底款

壶盖款

壶盖款

福临八方
紫泥还原烧　容量 360cc

顾晓彬制　余晖书绘　于雷刻绘

壶底款

壶盖款

壶盖款

苹果壶
百目紫泥　容量 360cc

顾晓彬制　余晖书　于雷刻绘

壶底款

壶盖款

壶盖款

六方玉立
民国绿泥　容量 480cc

范国勤制　王冬龄书　于雷刻绘

壶底款

壶盖款

壶盖款

汉方
清灰泥 容量 330cc

钱泽云制 吴山明书绘 于雷刻绘

六方葵面

民国绿泥　容量 550cc

范国勤制　王冬龄书　于雷刻绘

壶底款

壶盖款

壶盖款

壶底款

壶盖款

壶盖款

六方潘壶

民国绿泥　容量 430cc

范国勤制　王冬龄书　于雷刻绘

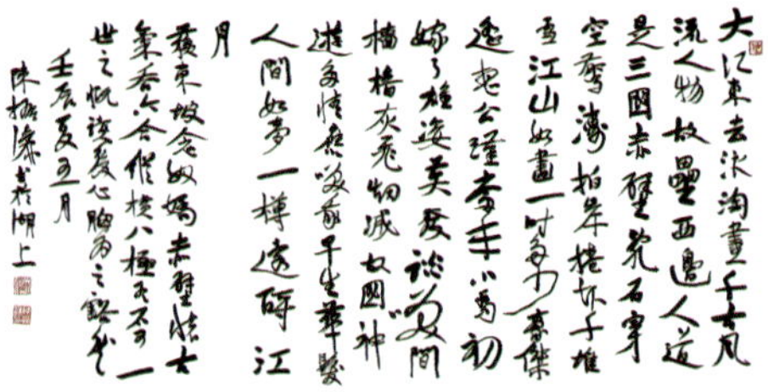

长乐六方

民国绿泥　容量 500cc

范国勤制　陈振濂书　于雷刻绘

壶底款

壶盖款

壶盖款

长乐六方
民国绿泥 容量 500cc

范国勤制 余晖绘 于雷刻绘

平盖石瓢

高温青段　容量 250cc

范国勤制　苏士澍书　于雷刻绘

壶底款

壶盖款

壶盖款

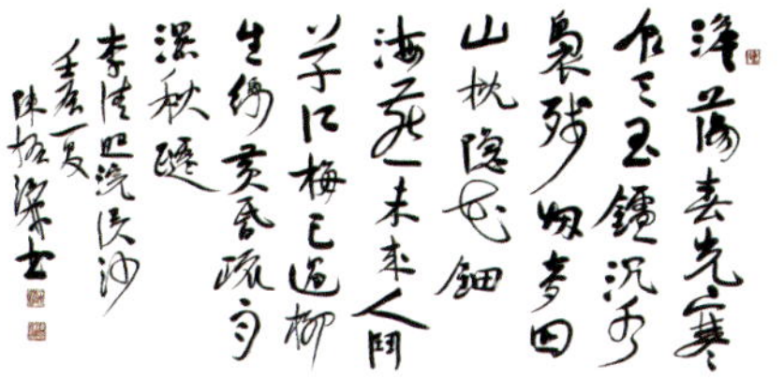

掇只

高温青段 容量 640cc

范国勤制　陈振濂书　于雷刻绘

高方

鲨皮青　容量 380cc

顾晓彬制　苏士澍书　于雷刻绘

壶底款

壶盖款

壶盖款

子冶石瓢

朱泥瓦烧 容量 300cc

钱泽君制 吕国璋书 于雷刻绘

钱泽君，国家级工艺美术师。1972年出身制壶世家，师从邱玉林大师，作品被多家博物馆收藏，五件作品收藏于首都博物馆。作品"一言九鼎""泽津井栏""一品禅竹"等作品获得一等奖。独创紫砂烧制艺术（钱氏瓦烧即紫砂多层次色彩烧制艺术）开创泥与火的结合，做到一壶一景一世界的紫砂艺术。

景州石瓢

朱泥瓦烧 容量 350cc

钱泽君制 吕国璋书 于雷刻绘

第四篇章

附录

悠远的宜兴制陶历史

"知者创物，巧者述之，守之，世谓之工。百工之事，皆圣人之作也。"
——《周书·冬官考工记》

宜兴地处长江下游太湖之滨，与马家浜文化一脉相传，其铸陶历史悠久。在文物普查工作中，考古学家陆续在宜兴的鼎蜀、张渚和杨巷等地发现大量古文化遗址表明，早在氏族社会，这里的先民就开始从事农业和陶业劳动。2003年，南京博物院再次发掘宜兴西溪遗址，断定这一遗址的年代在距今7000—6000年前，其中出土了大量新石器时代的陶器，将宜兴制陶史推到了7000多年前；1975年，古窑址普查中，考古人员在归径乡的骆驼墩和唐南村、周墅的元帆村等处，发现了许多陶器残片，属于红陶、夹砂红陶及少量灰陶等原始陶器，年代在距今5000多年前；2009年，江苏考古队在宁杭铁路宜兴段涞云山北麓一带发现了25座六朝（魏晋南北朝）墓葬，出土了一批阳羡青瓷，经比对考证，这些青瓷的的胎质中已含有紫砂土，由此推断"宜兴紫砂独有的紫砂土在六朝时期就开始普遍使用"（无锡市考古研究所所长刘宝山语），而不是人们通常认为的明朝。

历年的考古发现结合史料记载，我们不难发现，宜兴制陶开始于石器时代，宜兴鼎蜀镇窑场是炻器的发源地，在新石器时代晚期已经生产出大量陶器。先秦时期，荆溪一带的陶瓷文化已别具风格，宜兴丁蜀一带更是陶窑密布，釉陶烧制普及，烧制陶器已成为当地一项重要的专门手工业；两汉二晋时期宜兴（阳羡）成为全国重要的陶瓷器生产基地之一。到三国、南北朝时，阳羡陶瓷铸造规模迅速发展壮大。公元220—589年的近四百年中，中国南北长期分裂和对峙，其间北方连年混战，江南广大地区较为平稳，中原人民和士族地主纷纷渡江南下，江南经济由此迅速崛起，陶瓷业也进入了高质高速发展时期，宜兴成为南方早期青瓷的成熟产区。宋代重文轻武，我国陶瓷业的发展进入繁荣时期，此间出现的五大名窑的产品，开创了新的美学境界，这时的陶瓷重视釉色之美，更追求釉的质地之美，风格凝重深沉，蕴涵隽永，令人爱不释手。此时，宜兴均山窑已名声大振，其产品及宜兴其他名窑已常被仿制，最值得一提的是，北宋时宜兴独一无二的重要陶器门类—紫砂陶已崭露头角，日益赢得广泛欢迎。

宜兴陶瓷技艺经隋、唐、宋、元的探索和改进，到明代，秉持着"宜兴窑"青瓷烧造的传统，宜兴的能工巧匠又创造出以红、蓝釉窑变为特色的"欧窑"（又名"宜均"）器和享誉世界的"蜀山窑"紫砂陶器等。明周高起《阳羡茗壶系创始》载："金沙寺（今宜兴湖㳇镇西南，唐相陆希声山房）僧，搏紫砂细土，搜筑为胎，规而圆之；刳使中空；踵捏口、柄、盖、的，作成壶具；附陶穴烧成。人遂传用。"明清时期，宜兴的陶业更加繁荣兴旺，丁蜀、蜀山等地已是"万家烟火"的繁华城镇。截至目前，人们在宜兴发现的古窑址有近百处，其中有汉代窑址三处，六朝窑址三处，隋、唐、五代窑址九处，宋、元窑址二十处，明、清窑址六十多处。历史悠久的宜兴制陶业与人类文明比肩发展，使中华文化更加丰富，并传承发扬，造就了一代又一代的能工巧匠和艺术大师，创造出了一件又一件传世宝器。

宜兴以一个县之地传承发展被世人称为"五朵金花"的紫砂、均陶、精陶、青瓷、彩陶，并创造出三种特色窑口的陶瓷文化，举世罕见，这为中国成为世界陶瓷大国做出了独特的贡献，宜兴也因此荣获"中国陶都"的美名，并于2008年被文化部授予"陶艺之乡"的美誉。如今，宜兴的陶瓷深入百姓生活，成为日常生活中的必需用品，更加广泛地应用于工业及科技产品中，其独具的文化品位更成为中华传统艺术中的不朽传奇。

宜兴悠久的陶瓷制作历史和丰富的矿藏有着密不可分的联系。宜兴作为中国有名的"陶都"，无论是在紫砂器制作还是青瓷制作上，都有着悠久的历史和浓厚的文化积淀。早在春秋时期，宜兴就已成为中国有名的陶瓷产地。其后，宜兴更是成为中国有名的紫砂壶制作匠人汇聚地，历史上著名的制壶大师，如供春、董翰、赵梁、元畅、时朋、时大彬、李仲芳、徐友泉、范大生等皆诞生于此地。

宜兴市地处苏州、无锡、常州下扬子东南部成矿构造区，其矿产资源储量丰富，而且具有明显特色。宜兴陶土资源全国闻名，其中石灰岩、大理岩、陶土、石英砂岩等储量是无锡第一，非金属矿产具有明显的区域优势。宜兴主要能源及铁、铜、金等重要金属矿产缺乏；非金属矿，大矿少、小矿多，而陶土矿等都是小型矿床。

宜兴的非金属矿产主要有粘土矿，矿种有甲泥、紫砂泥、白泥、嫩泥、绿泥、黑泥、小红泥、小黄泥等，已探明工业储量约6000万吨，预测远景储量达10亿吨。其中瓷石、瓷土矿储量在200万吨左右。宜兴主要矿产资源集中分布于市域西南及东北地区，此地矿产均可露天开采，主要矿产地离城镇较近，便于开发经营。

宜兴的陶土矿属晚古生代沉积而成的泥岩和粉砂质泥岩，当时宜兴以南是广阔坳陷的滨海湖泊区，气候炎热，氧化作用很强，质地细腻的黏土泥岩和粉砂质泥岩沉积到湖盆底部，夹杂在砂岩、砂页岩和煤系地层中，分布在三个地质时代的地层中，最古老的是距今3.6亿年前后的晚泥盆世生成的五通组；其次是距今3亿年前后的早石炭世高骊山组；最晚是距今2.4亿年晚二叠世的龙潭组煤系地层。后期中生代的造山运动使厚厚的沉积地层褶曲隆起，形成今天的丘陵山地，这些矿藏的埋藏随之或深或浅。

宜兴非金属矿藏中的紫砂泥属于高岭土—石英—云母类型陶矿，这是一种含铁量很高的多种矿物共存的聚合体，他的主要成分有二氧化硅、三氧化二铝、三氧化二铁、二氧化锰、氧化钙、氧化镁、氧化钾、氧化钠、氧化钛和结晶水等。紫砂泥分子成鳞片状排列，中间夹杂成团聚状的有机质，它由地壳中含长石类岩石经过长期风化与地质作用而生成，这种陶土在自然界中分布广泛，种类繁多，而能够做高品质紫砂壶的却只有宜兴的紫砂土粘度最好，品质最高。

紫砂泥又称"富贵土"，在宜兴，紫砂泥主要出产于丁山、张渚、渚东等地，它们大多深藏于黄龙山岩层下数百米，分布在甲泥中间，矿层厚度不等，在几十厘米到一米左右，它的化学成分是含铁质粘土粉砂岩，紫泥主要矿物成分是水云母和不等量的高岭岩、石英、云母屑及铁。当地人一般把陶土分为白泥、甲泥、和嫩泥三大类。其中，白泥呈灰白色，是种单存的粉砂质铝土质粘土；甲泥主要呈紫色，含杂色，是种粉砂质粘土（通称页岩），尚未风化，又名石骨，这种陶土材质硬、脆而精；嫩泥是种土黄色或灰白色夹有杂色的粘土，其材质软、嫩而细。

宜兴紫砂泥可塑性非常好，生坯的强度高，坯的干燥、烧成收缩率很小。最为奇特的是宜兴蕴藏的三种天然陶土中都含有大量的氧化铁，其含量在百分之二至百分之八以上，所以紫砂壶并非清一色的紫颜色，高温烧成后的紫砂器呈现各种各样的奇丽的色彩，有朱砂红、枣红、紫铜、海棠红、铁灰铅、葵黄、墨绿、青兰等等，另外紫砂壶以不施年釉区别于其他陶瓷，紫砂器保持了自然原色，多了一份质朴浑厚、古雅可爱的独特意趣，深受具有高文化层次的文人雅士喜爱，这为宜兴紫砂陶传统制作技艺的发展提供了得天独厚的条件。历史上，为满足工艺变化和设计制作要求，宜兴紫砂传统制作技艺的传承者们大胆创新，将各种铁含量不同的甲泥和嫩泥经过适当比率调配，再用不同的火焰和烧造氛围烧制，紫砂器便呈现出颜色深浅不一的多种颜色，它们或紫而不姹，或红而不嫣，或绿而不嫩，或黄而不娇，或灰而不暗，或黑而不墨，其色泽犹如染在毛纺织品上的颜色，沉着而不夺目；细细观摩，更会发现各种泥色中带着点点白砂，如微星闪闪，宛若珠玑，如果在泥中和上粗泥砂或钢砂，会更加意趣盎然。近年来，更有紫砂工艺师试制成功了带有自然光泽的红色和青铜色盖面浆，开创了泥色装饰的新面目。

紫砂泥烧成紫砂茗壶后陶胎生成双重气孔结构，具有很好的气孔率和吸水率，其保温性和透气性均十分理想，是经千百年历史选择的最理想的沏茶用具，历来被誉为"世间茶具称为首"。清代著名文人宜兴吴梅鼎著有《阳羡茗壶赋》，热情赞颂了明代著名的紫砂茗壶，文中写道："若夫泥色之变，乍阴乍阳，忽葡萄而绀紫，条橘柚苍黄，摇嫩绿于新桐，晓滴琅琊之积翠，积流黄于葵露，暗飘金栗之香，或黄白堆砂，结衷梨号可谈，或青坚在骨，涂髹汁号生光。彼琚煜之窑变，非一色之可名如铁如石，胡玉胡金。备正文于一器,具百美于三停。远而望之,巍若钟鼎陈明庭,近而察之,灿若流金璧浮精美。岂随珠之赵璧可媲,异而称珍者。"文辞典雅,紫砂茗壶的独特韵味跃然纸上,是为描述紫砂茗壶的经典文字。好的紫砂壶,需要能工巧匠,更需要苛刻的陶土矿藏,截至目前,在中国乃至全世界,人们仍没有发现堪与宜兴紫砂泥料相媲美的陶土矿藏。

"智者乐水",江南好茶,饮茶与人们的生活不可分割,而饮茶用具也在闲适中得到人们的广泛重视。茶与壶都承载了人们的精神追求,融入了深厚的文化底蕴,高深的审美需求与细腻的人文情怀。

古往今来无数的诗人、画家对紫砂的喜爱如痴如狂。北宋梅尧臣曾写诗赞叹:"小石冷泉留早味,紫泥新品泛春华。"欧阳修情不自禁地吟咏出"喜共紫瓯吟且酌,羡君潇洒有余情"佳句。苏东坡迷恋宜兴的美好风景,数次来到这里,"松风竹炉,提壶相呼",并将宜兴选为自己的养老之地,最终实现了终老常州的夙愿。

以苏轼为代表,历代的文人、诗人、学者、书画家、名人、官臣、幕僚、士绅屡屡参与紫砂陶艺的创作,并影响着紫砂壶艺的发展,其中杰出者有赵宧光、陈继儒、董其昌、陈鸿寿、吴昌硕、吴大澂、蔡元培、黄宾虹、刘海粟、吴湖帆、李可染、启功、吴作人、冯其庸等等,不一而足。在吴越文化浸润下成长起来的紫砂艺人不断提高自己之学,更在与文人雅士的结交中,提升自己的文化品位,切磋交流合作,艺术火花不断迸现,并结出累累硕果。

文人学者积极参与紫砂创作,研究紫砂,有人专门为宜兴紫砂陶著书立说,为紫砂艺人树碑立传,如明代作者周高起的《阳羡茗壶系》、清乾隆年代吴骞编著的《阳羡名陶录》、日本紫砂壶收藏家奥兰多编著的《茗壶图录》,还有《阳羡茗壶图谱》《阳羡茗壶赋》《阳羡名陶说》《阳羡砂壶图考》《壶史》《陶说》《宜兴陶器概要》《陶雅》《明清各名家砂壶全形集拓》等数十种,到了当代紫砂专著出版更为兴盛,已数百种。这些著述,带动了紫砂陶身价的提升,同时确立了紫砂在中国陶瓷艺术中的独特地位,形成了一门新的文化—宜兴紫砂文化。

宜兴紫砂陶的艺术源流

土是有生之母,陶为人所化生,陶人与土配成双,天地阴阳酝酿,
水火木金协调,宫商角徵交响,汇成陶海叹汪洋,真是森罗万象。
——《西江月·颂陶》郭沫若

宜兴紫砂陶的制作技艺承继宜兴紫砂壶的特色和工艺精髓,显现出非凡而卓著的艺术魅力。在长期的艺术实践和不断摸索中,宜兴的历代大师们不断开拓创新,将各种传统的文化特质融入自己的创作当中,通过壶的外形、做工、刻画、款识、风格等表现出来,从而创造了一个个令人赞叹的艺术佳品,赢得世人的喜爱和赞誉。

据有关方面考证,传统的宜兴紫砂陶工艺起源于宋代,鼎盛于明清之际。传统的制作技艺集造型、金石、雕刻、书法、绘画等十余个技术门类为一身,除了具有实用价值外还具有着欣赏与收藏价值。这种工艺制作出的紫砂壶,雅俗共赏,一出来便得到文人墨客的喜爱。这些文人墨客的喜好,也反过来推动了紫砂壶的发展,有些喜好者甚至直接参与进来制作,进一步提升了紫砂壶的艺术内涵。这种制作与赏鉴的互动,使得紫砂壶的制作、鉴赏与收藏出现一个又一个高峰。

所以，与其他的传统工艺美术品相比而言，紫砂壶从其发端以来就有着较高的起点，其艺术渊源更是直接继承中国传统的士文化、饮茶文化及当地古老的江南文化，从而自其发端便无可争辩地成为一朵绚烂的艺术奇葩。

紫砂壶之所以有如此高的艺术水准，溯起源流，其原因有三：

一是紫砂陶壶诞生时期，中国传统工艺美术品制作已进入成熟期，金、玉、石、竹、木、青铜等各种工艺已呈百花齐放态势，各类精美的工艺品很大程度上影响了刚刚起步的紫砂壶制作，我们目前看到的传统紫砂茗器中大部分型制，如葡萄壶、南瓜形壶、如意形壶、云龙壶、竹节形壶、玺印类壶等等，就是对那一时期工艺美术品精髓的吸收和借鉴。

二是紫砂壶与茶文化的结合，让其在诞生之日起便有了浓厚的士文化色彩，注定与中国传统的书、画、诗、印等无法分开。而中国的士子们又擅长于对艺术的感悟去粗存精，采其长者而扬之，取其善者而用之，所以反应在紫砂壶的传统型制上，便有了我们现在的曼生十八式、圣思杯、鸣远小品等等。

三是得益于当地得天独厚的江南文化。在当时，江南文化已开始在整个华夏文明中体现出高度发展的态势。虽然江浙一带的文明发迹要稍晚于北方，但其发展速度却极为神速，尤其是在水墨文化、诗书文化、饮茶文化、园林文化、漕运文化等方面。俗话说"一方水土养一方人"，这里优越的人文自然环境养育了一方能工巧匠，紫砂壶艺术依托这一环境优势得以长足发展。民间制壶艺人们，更是利用江南绝佳的山水和物产资源，创作了诸多的茗器，从而丰富了紫砂壶的创作思路和范围，拓宽了紫砂壶的创作渠道。

从以上三点，我们不难看出，紫砂壶之所以能够大器晚成，后来居上，有着其天时、地利、人和的条件。然而这些只是紫砂壶深厚艺术渊源的一部分。周高起在其《阳羡茗壶系》中曾这样赞道："几案有一具，生人闲远之思。"这里就提到紫砂壶的艺术魅力。他的评价为我们打开了另一扇认知紫砂壶艺术渊源的大门，那就是通过作为中国传统工艺杰出代表的紫砂壶的最高境界也是"境生象外"，与中国传统的诗、书、画等的审美无二。紫砂壶的"形"构成欣赏时的"境"或"意"，进而由其"象"扩展至无限的想象和境界。这种由实及虚、由近而远的艺术魅力，正是中国传统文化精髓的一种体现和生发。

除了取材于这些传统的艺术之外，紫砂壶的艺术创造还更多的取材于自然、生活与劳动实践。由于紫砂壶是一个实用与审美结合的艺术品，其实用性在历史的各个阶段中都占有着主导的地位，所以在现实的创作中，它更多的选择了自然界中的瓜果蔬菜作为壶的造型范本，以使其更加贴近现实，更具艺术表现力，这种以自然物为模仿对象的取材方法称之为象形壶，其代表壶形有南瓜壶、枇杷壶、石榴壶、玉米壶、番茄壶等等，它们都是把自然界中的生物符号巧妙地揉进紫砂壶艺术的创作之中，让自然之美与艺术之美达到完美的和谐。

紫砂壶的制作不是一种单存的体力劳动，也是一种艺术抽象和艺术再创造，需要制作者具有高超的专业技能、聪慧的悟性，以及把文化修养和创作灵感迅速体现在器物造型上的能力。在长期的实践中，制作者们不仅掌握了紫砂壶造型的技巧，而且对于紫砂泥的泥性和不同泥的特色也有了深入的把握。所以在现实的创作中，它们利用红、黄、绿、黑等多种色彩的紫砂色泥，采用传统手工粉、描、嵌、贴等工艺技巧，来展现自己的艺术理念和审美志趣，这些表现在壶的外观上，便成为生动活泼的艺术装饰。同时它们还将传统的雕刻、书法、水墨画、山水画等技法应用到壶的制作当中，更进一步丰富了紫砂壶的内涵的外延，让其更加彰显艺术的魅力。

赏鉴这些精美的紫砂壶艺术品，令人浮想联翩：一个使用功能如此简单的茗壶，却可以传承数百年而不衰，并拥有如此丰富而深刻的文化艺术内涵，它通过简单的技法将中国的传统文化和日常生活完美地融汇在一起，并推广到现代的生活中，让我们在品茗当中，亦可享受一份完美精致、文化气氛浓厚、人情味十足的艺术盛宴，令人慨叹。

宜兴紫砂陶的技术沿革

"尽历代工匠之心力，开砂壶制作之风气。"

——匠者言

从源头上追溯，宜兴传统紫砂壶制作技艺是从陶器发展而成，属陶器茶壶的一种。它采用紫砂泥制作而成，坯质致密坚硬，取天然泥色，做工考究。紫砂泥，含铁量大，有良好的可塑性。紫砂壶的色泽，利用紫砂泥泽和质地的差别，经过"澄""洗"等，使之呈现出不同的色彩。早期的紫砂壶艺人也多精通陶器壶的制作。

紫砂壶创始于何时，在我国的陶瓷史上一直没有一个明确的说法。据明、清时期的史书中记载，紫砂壶约略创始于明代弘治、正德年间，其创始人可能为当时金沙寺的和尚和一个名叫龚春的书僮。在明人周高起《阳羡茗壶系·创始篇》中有一段这样的记载："金沙寺僧，逸其名，闻之陶家云：僧闲静有致，习兴陶缸翁者处，搏其细土，加以澄练、捏筑为胎，规而圆之，刳使中空，踵传口柄盖的，附陶家穴烧成，人遂传用。"而在周容《宜兴瓷壶记》中亦有"今吴中较茶者，必言宜兴瓷，始万历，大朝山寺僧（即金沙寺僧）传供春者，吴氏小吏也"的记载。

然而实际上，在我国的宋代宜兴地区已有紫砂壶的出现，明清时到达鼎盛，一直流传到今天。紫砂源于宋之说，可以北宋梅尧臣《依韵和杜相公谢蔡君谟寄茶》诗"小石冷泉留早味，紫泥新品泛春华"中得到佐证，另外北宋欧阳修也有"喜共紫瓯吟且酌，羡君潇洒有余情"的诗句，这些都说明，至晚在北宋时期已有紫砂壶的出现。

传统的紫砂壶制作技艺发展至明代中叶逐渐走向鼎盛，于明正德年间出现的龚春就是当时一个著名的制壶名家，紫砂壶也因为他的发展和创造广为流传开来。据明人周高起《阳羡茗壶系》的记载，龚春幼年曾为进士吴颐山的书僮，随主人陪读于宜兴金沙寺时，常帮寺里老和尚抟坯制壶，他见寺院里有株银杏参天，盘根错节，树瘤多姿，便细加留心观察，摹拟树瘤，捏制出树瘤壶。该壶造型独特，生动异常。老和尚见后拍案叫绝，于是便把平生制壶技艺倾囊相授。得到真传后的供春并没有满足于现实，而是在实践中不断改进原有单纯用手捏制的方法，试着用木板旋泥并配合着竹刀一起使用，从而烧造出了造型新颖、雅致，质地较薄而又坚硬的新式紫砂壶，极大地丰富了紫砂壶的形制，提高了紫砂壶的质量和产量。时人有"供春之壶，胜如金玉"之赞，可见当时龚春之盛名。

龚春之后，紫砂壶制作进入快速发展的黄金时期。明中叶以后，更是逐渐形成了集造型、诗词、书法、绘画、篆刻、雕塑于一体的紫砂艺术。从明万历到清初，形成紫砂器发展的高峰，先后出现了"四名家""壶家三大"等制壶大家。

"四名家"指董翰、赵梁、元畅、时朋。董翰所作紫砂壶以文巧著称，形在巧致，其余三人则统以古拙见长，但却各有区别，体现了鲜明的时代特色和个人风采。

"壶家三大"则指的是另外三位大师，他们分别是时大彬及他的两位高徒李仲芳、徐友泉二人。时大彬为制壶名师"四名家"之一——时朋之子，他最初喜仿供春之壶，好做大壶。其所作大壶古朴雄浑，传世作品主要有菱花八角壶、提梁大壶、朱砂六方壶、僧帽壶等。后经不断游历学习以及与时人的探讨，他根据当时文人士大夫雅致的喜好把壶缩小，使之可抚于手掌，安放于案几，从而成为了当时上流社会点缀案和书房不可缺少的物件。他所做的小壶精妙绝伦，令人称叹，当时就有"千奇万状信手出""宫中艳说大彬壶"的盛赞，从而开启紫砂壶发展的新气象。其两位高徒李仲芳、徐友泉二人则各有所长，李仲芳所作紫砂壶风格趋于文巧，讲求细节雕琢，而徐友泉则善制汉方、提梁卣等，颇有豪放之姿。

除以上几人外，万历年间的制壶艺人李养心也是个不得不提的重量级人物。他以擅做小壶著称，所制作品朴素中不乏艳丽，世称"名玩"。他对于紫砂壶制作的最大贡献在于开创了"壶乃另作瓦缶，囊闭入陶穴"

的匣钵装烧法。其时人欧正春、邵氏兄弟、蒋时英等人，还不同程度地借用了历代陶器、青铜器、玉器的造型、纹饰制作手法，将这些技艺运用到紫砂壶的制作当中，进一步丰富充实了紫砂壶的制作技艺。

到了清代，紫砂壶的制作技艺愈发成熟，紫砂艺术也随之进入鼎盛时期。制壶名师辈出，紫砂壶制作技艺不断推陈出新，经典传世作品接连诞生，宜兴已俨然成为紫砂壶的天堂。尤其是清康乾时期，紫砂壶被作为贡品送进宫廷，得到皇家的重视，这为宜兴紫砂壶迎来发展的黄金时期。这一阶段，宜兴负责制作紫砂壶的壶胎，后再由宫廷造办处的匠人们，将其制成名贵的珐琅彩紫砂壶或雕漆茗壶。紫砂壶在皇家的受宠，通过士大夫的传播，也逐渐影响至民间，民间购买使用紫砂壶成为时尚。这导致紫砂壶的需求量空前高涨，从而促进了紫砂壶生产的发展和技艺的改进，同时也涌现了一大批知名的制壶艺人，如陈鸣远等名家就是在这一时期出现的。

陈鸣远是继时大彬之后出现的著名的陶艺大家之一，其所作茶壶，线条清晰，轮廓明显，历来为收藏家所推崇，其最明显的标志便是壶盖上的行书"鸣远"印章。《阳羡名陶录》中有一段关于陈鸣远的记载，说"鸣远一技之能，世间特出"，可见其功力。此外，与其同一时期的名家还有虞荣、王南林、邵元祥、邵旭茂、陈观候等。

从清乾隆晚期到嘉、道年间，受西方文化的影响，宜兴紫砂壶制作进入了一个新的阶段。紫砂茶壶的样式开始繁多，所谓"方非一式，圆不一相"，紫砂壶上雕刻花鸟、山水、书法、诗词的现象开始增多，有些造型甚至出现了西方几何的影子。此时最著名的是陈鸿寿，字子恭，号曼生，他工于诗文、书画、篆刻，为了创作紫砂壶，他组织文人沙龙，和杨彭年等人一起制壶，从而开创了著名的曼生十八式。当时的制作，由陈曼生设计、杨彭年制壶、陈氏及文友镌刻书画，共同协作完成，其作品世称"曼生壶"。这些紫砂壶形多为几何体，造型质朴简练、大方，壶铭极具文字意趣，至此完成了中国传统文化"诗书画"三位一体的制壶风格，从而使宜兴紫砂文化内涵达到了一个新的高度。

至清咸丰、光绪末期，受社会动荡的影响，紫砂壶制作技艺少有进展，此时的名匠不多，以黄玉麟等为代表。黄玉麟所作的紫砂壶纯朴清雅，以掇球见长。

其后，随着中国民族资产阶级的兴起，至20世纪初叶，紫砂壶市场在经历了百年的沉寂之后，又逐渐发展起来，宜兴紫砂壶自营的小作坊更是如雨后春笋般迅速崛起，从而诞生了一批制壶名家，范大生、范锦甫、邵云如、冯桂林、俞国良、吴云根、裴石民、顾景舟、王寅春、程寿珍、朱可心、蒋蓉等人就是在这一时期开始出现的。

建国后，受各方面因素的影响。紫砂壶的工艺发展一度停滞，直到改革开放后，才逐渐活跃发展起来，并迎来紫砂壶发展的又一个春天，范家壶庄紫砂陶传统制作技艺也因此得以发扬光大。他们在吸取前人经验的基础上，结合现代工艺特色及时代特点，不断创作出了一个又一个令人惊叹的作品。

阳羡茶 宜兴壶

"天子须尝阳羡茶，百草不敢先开花。"

——唐·卢仝

宜兴有"茶的绿洲"之称，其南部有占全市总面积40%的丘陵山区，其土壤以黄棕壤、红壤为主，十分适宜茶树种植，加之宜兴北亚热带南部季风气候，四季分明，温和湿润，雨量充沛，茶树的生长尤其茂盛。宜兴茶园的面积已从建国初期的1万多亩发展到了7.5万亩，年产茶叶近5000吨，其茶园面积、茶叶产量为江苏省之最。宜兴先后创制出一系列名茶，如"阳羡雪芽""荆溪云片""善卷春月""竹海金茗""盛道寿眉"等，在历届全国"中茶杯"、江苏省"陆羽杯"等名特茶评比中屡获殊荣。1989年乾元茶场生产的"阳羡雪芽"、新街茶林场生产的"荆溪云片"均获农业部颁布的全国名茶称号，1990年岭下茶场生产的"阳羡雪芽"也获得国家商业部全国名茶称号。从此，宜兴茶叶主打名特茶。到2002年，宜兴成为全国首批20个无公害茶叶生产示范基地市（县）之一。

宜兴种茶可追溯到1800多年前的东汉末期，成书于东汉末年的《桐君录》中记载："西阳、武昌、晋陵皆出好茗。"其中的"晋陵"即是现在的常州，产茶的阳羡即在此辖区。到了三国时期，隶属东吴的宜兴所产"国山舛茶"已扬名江南。

据《宜兴县志》记载，阳羡茶的最早发现者或者创始人是当地一位叫潘三的农民，阳羡茶扬名后人们便把他尊为宜兴的"土地神"。唐中期，金沙寺的僧人将阳羡山中出产的野茶献给当时常州太守李栖筠，李栖筠请来陆羽评定，茶圣陆羽在《茶经》中品定阳羡茶为"芬芳冠世产，可供上方"，并提出品评标准"阳崖阴林，紫者上，芽者次"，阳羡茶自此身价倍增，皇家更将其纳为贡品。《宜兴县志》记载出产贡茶的唐贡山"在县东南三十五里，临罨画溪，以唐时产茶入贡故名"，宜兴贡茶院有"房屋三十余间，役工三万人"，"工匠千余人"，"岁贡阳羡茶万两"，到了唐武宗年间，阳羡贡茶数量达到一万八千四百斤。唐著名诗人杜牧曾在宜兴居住，他在《题茶山》诗中写下"山实东南秀，茶称瑞草魁""泉嫩黄金涌，芽香紫壁裁"等佳句；唐第二位"茶圣"诗人卢仝，则写下了"天子须尝阳羡茶，百草不敢先开花"的咏茶名句。

到了宋朝，阳羡茶除进供王室贵族享用外，也得到了文人雅士的喜爱，打算到宜兴"买田阳羡，种橘养老"的大文豪苏轼，留下了"雪芽为我求阳羡，乳水君应饷惠泉"的咏茶名句；而卢仝则在宜南山区种茶，写下《七碗茶诗》流传海内外，还成为了日本茶道的启蒙内容。

元代阳羡茶因战乱被推广至边疆地区，这时的贡茶为"金字末茶"，进贡数量依然庞大。元代文人学士对宜兴茶倍加追捧，将之视为的名贵之物，这种情怀被广泛写入元代诗文中，如元代诗人耶律楚材《西域从王君玉乞茶因其韵七首·其七》中写道："啜罢江南一碗茶，枯肠历历走雷车。黄金小碾飞琼屑，碧玉深瓯点雪芽。"诗人谢应芳《寄题无锡钱仲毅煮茗轩》云："聚蚁金谷任荤膻，煮茗留人也自贤。三百小团阳羡月，寻常新汲惠山泉。"元代宜兴籍诗人沈贞作《归茶山》诗："落落朱樱破两肥，斑斑红笋透泥齐。懒童园药神先睡，病叟观书眼转低。山挟晴娇新水嫩，地含湿润净苔迷。临江节士来相访，自把闲名竹上题。"。从中可见，在元朝无论是散茶"雪芽"，还是饼茶"阳羡团月"，宜兴茶在文人墨客中有着相当高的知名度。

明代，阳羡茶贡品地位不减，崇祯年间，茶馆遍立，饮茶普及，朝廷对茶叶的生产和经销管理周密，专门设立"茶局"和"茶引所"，到今天宜兴还有茶局巷、茶亭等茶文化古迹。明袁宏道在他的评茶小品中说道："武夷茶有药味，龙井茶有豆味，而阳羡茶有'金不味'，够得上茶中上品。"明末清初刘继庄的《广阳杂记》记载"天下茶品，阳羡为最"。

清代的几百年间，宜兴茶业几经沉浮，然而上层名流、文人雅士喜好阳羡茶的热度不减，从热衷饮茶进而推崇紫砂壶，紫砂壶业也达到鼎盛。民国以来，到茶馆品茶更成为宜兴人日常生活中不可或缺的一部分。

中国人喝茶的习惯，传说自上古时期的神农氏便开始了，史载："神农尝百草，日遇七十二毒，得荼（即茶）而解之。"史料显示，春秋以前，茶叶医药用为主，古人直接咀嚼茶叶感其芬芳、清爽的快感，久之含嚼茶叶称为嗜好，是为饮茶的前奏；后来茶叶又充当了调味品，《晏子春秋》记载 "晏子相景公，食脱粟之饭，炙三弋五卵茗菜而已"，《尔雅》将"苦荼"注释为"叶可炙作羹饮"，而《桐君录》等古籍则有茶与桂姜等香料同煮食用的记载。秦统一巴蜀后，饮茶之风东渐。西汉期，茶成为了上流社会高雅消遣，王褒《童约》记载了"武阳买茶"的事件。三国时期，茶的烹煮方法得到改进，《三国志·吴志》记载了"以茶当酒"的习俗，这表明在中国饮茶已普及。

魏晋南北朝时期，中国文人嗜酒成风，嗜茶者为数不多，这段时间有史可查的饮茶者汉有司马相如，晋有张载、左思、郭璞、张华、杜育，南北朝有鲍令晖、刘孝绰、陶弘景等，仅此而已，至于会饮能品者更是少数。但到了唐朝以后，文人们更加冷静、务实，以茶代酒成为时尚，此时及之后的著名文人无一不嗜茶，不仅品饮，而且吟诵为诗，并形成理论。唐朝时期人们用茶，吃的是饼团茶，这时的阳羡茶选用的是一芽一叶或二叶初展的茶树嫩芽，经过蒸、捣、拍、焙、穿、封、干等工序制成的圆形片状饼茶，饮用时，须先将饼团茶碾成茶粉，倒入开水烹煮，汤中要加盐调味，有着胡人血统的皇宫贵族烹茶时还要加胡椒粉之类的调料增加香味，煮成后连汤带茶粉一同吃下，所以称为"吃茶"。到了宋朝，文人喜欢"斗茶"，对饮茶器具也更为关注，其饮茶更加讲究，欧阳修、米芾、梅尧臣、蔡襄、苏东坡等大文豪都曾留下咏茶名篇、名句。宋代饮茶以点茶为主外，煎茶也广被饮用。史料记载明确记载了煎茶与点茶的区别，如黄庭坚《煎茶赋》中说："酌兔褐之瓯，瀹鱼眼之鼎。"即以鼎为茶，即直接将团茶和草茶研成茶末，或不经研磨，直接投入宽口的茶釜或茶鼎煮沸后，用勺子连汤带水一起食用，即为"煎茶"；"点茶"是以壶烹茶，最讲究、最有创造精神的是苏东坡，他总结："活水还须活火烹，自临钓石汲深情。"

到了明代饮茶的方法发生了很大的变化，明人讲究"茶壶以小为贵，每一客，壶一把，任其自斟自饮，方为得趣。何也？壶小则香不涣散，味不耽搁"。对于饮茶，明代人论述的更为精妙"品茶一人得神，二人得趣，三人得味，七八人是名'施茶'"。更上升到为人，讲到"茶之为饮，最宜精行修德之人"。明人张源撰写的《茶录》详尽描述了沏茶的程序："探汤纯熟便取起，先注少许壶中，祛汤冷气，倾出，然后投茶，茶多寡宜酌，不可过中失正……两壶后又用冷水汤涤，使壶凉洁，不则减茶香矣。"这与现在的沏茶方法无异。当烹茶演变为沏茶，茶壶的要求相应提高，经历史选择，紫砂壶泡茶独领风骚，而紫砂壶的制作日益受人们重视，制作紫砂壶的高手、名家、大师走上历史的舞台，与紫砂壶的兴衰荣辱交织在一起。

如今，在江南"人家每日不可缺者，柴米油盐酱醋茶也，谓之起来八件事"。茶是家家户户不能缺少的生活必需品，宜兴人爱饮茶，会饮茶，广交天下宾朋，总以紫砂壶泡阳羡茶作为最高礼遇。而宜兴占据出产紫砂的得天独厚自然条件，在盛产名茶，好茶成风的良好社会氛围带动下，宜兴紫砂广受推崇，举世瞩目。

与宜兴紫砂陶文化相关的诗辞歌赋

依韵和杜相公谢蔡君谟寄茶

北宋 梅尧臣

天子岁尝龙焙茶，茶官催摘雨前芽。团香已入中都府，斗品争传太傅家。
小石冷泉留早味，紫泥新品泛春华。吴中内史才多少，从此莼羹不足夸。

答宣城张主簿遗鸦山茶次其韵

北宋 梅尧臣

昔观唐人诗，茶咏鸦山嘉。鸦衔茶子生，遂同山名鸦。重以初枪旗，采之穿烟霞。
江南虽盛产，处处无此茶。纤嫩如雀舌，煎烹比露芽。竞收青箬焙，不重漉酒纱。
顾渚亦颇近，蒙顶来以遐。双井鹰掇爪，建溪春剥葩。日铸弄香美，天目犹稻麻。
吴人与越人，各各相斗夸。传买费金帛，爱贪无夷华。甘苦不一致，精粗还有差。
至珍非贵多，为赠勿言些。如何烦县僚，忽遗及我家。雪贮双砂罂，诗琢无玉瑕。
文字搜怪奇，难于抱长蛇。明珠满纸上，剩畜不为奢。玩久手生胝，窥久眼生花。
尝闻茗消肉，应亦可破瘕。饮啜气觉清，赏重叹复嗟。叹嗟既不足，吟诵又岂加。
我今实强为，君莫笑我耶。

和梅公仪尝茶
北宋 欧阳修

溪山击鼓助雷惊,逗晓灵芽发翠茎。摘处两旗香可爱,贡来双凤品尤精。
寒侵病骨惟思睡,花落春愁未解醒。喜共紫瓯吟且酌,羡君潇洒有余清。

满庭芳·咏茶
北宋 秦观

雅燕飞觞,清谈挥尘,使君高会群贤。密云双凤,初破缕金团。窗外炉烟似动,开瓶试、一品香泉。轻淘起,香生玉尘,雪溅紫瓯圆。 娇鬟,宜美盼,双擎翠袖,稳步红莲。坐中客翻愁,酒醒歌阑。点上纱笼画烛,花骢弄、月影当轩。频相顾,余欢未尽,欲去且留连。

试茶
北宋 蔡襄

兔毫紫瓯新,蟹眼青泉煮。
雪冻作成花,云闲未垂缕。
愿尔池中波,去作人间雨。

游惠山
北宋 苏轼

敲火发山泉,烹茶避林樾。
明窗倾紫盏,色味两奇绝。
吾生眠食耳,一饱万想灭。
颇笑玉川子,饥弄三百月。
岂如山中人,睡起山花发。
一瓯谁与共,门外无来辙。

送南屏禅师
北宋 苏轼

道人晓出南屏山,来试点茶三昧手。忽惊午盏兔毛斑,打作春瓮鹅儿酒。
天台乳花世不见,玉川风腋今安有。先生有意续《茶经》,会使老谦名不朽。

某伯子惠虎丘茗谢之
明 徐渭

虎丘春茗妙烘蒸,七碗何愁不上升。青箬旧封题谷雨,紫砂新罐买宜兴。
却从梅月横三弄,细搅松风炧一灯。合向吴侬彤管说,好将书上玉壶冰。

是夜酌泉试宜兴吴大本所寄茶
明 文徵明

醉思雪乳不能眠,活火砂瓶夜自煎,白绢旋开阳羡月,竹符新调惠山泉。
地炉残雪贫陶谷,破屋清风病玉川,莫道年来尘满腹,小窗寒梦已醒然。

坐怀苏亭焚北铸炉以陈壶徐壶烹洞山岕片歌
明 熊飞

显皇垂拱升平季，文盛兵销遍恬喜。是时朝士多韵人，竞仿吴侬作清事。
书斋蕴藉快沉燎，汤社精微重茶器。景陵铜鼎半百沽，荆溪瓦注十千余。
宣工方钵有施叟，时大后劲抚陈徐。凝神昵古得古意，宁与秦汉官爾殊。
余生有癖尝涎觊，窃恐尤物难兼图。昔年挟策上公车，长安米价贵如珠。
辍食典衣酬夙好，铸得大小两施炉。今年阳羡理蕾架，怀苏亭畔乐名壶。
苏公僻生予梓里，此地买田贻手书。焉知我癖非公癖，臭味岂必分贤愚。
闲煮惠泉烧柏子，梧风习习引轻裾。吁嗟！洞山岕片不，多得任教茗战难
相克。亭中长日三摩挲，犹如瓣香茶话随公侧！

陶宝肖像歌为冯本卿金吾作
明 林古度

昔贤制器巧含朴，规仿尊壶从古博。我明供春时大彬，量齐水火抟埴作。
作者已往嗟滥觞，不循月令仲冬良。荆溪陶正司陶复，泥砂贵重如珩璜。
世间茶具称为首，玩赏楷模在人手。粉锡型模莫与争，素瓷斟酌长相偶。
义取炎凉无变更，能使茶汤气永清。动则禁持慎捧执，久且色泽生光明。
近闻复有友泉子，雅式精工仍继美。当教春茗注山泉，不比瓶罍罄时耻。
以兹珍赏向东吴，胜却方平众玉壶。癖好收藏阮光禄，割爱举赠冯金吾。
金吾得之喜绝倒，写图锡名曰陶宝。一时咏赞如勒铭，直似千年鼎彝好。

赠冯本卿都护陶宝肖像歌
明 俞彦

何人霾向陶家侧，千年化作土赭色。揭来捣治水火齐，义兴好手夸涎埴。
春涛沸后春旗濡，彭亨豕腹正所须。吴儿宝若金服匦，夤缘先入步兵厨。
于今东海小冯君，清赏风流天下闻。主人会意却投赠，媵以长句缥缃文。
陈君雅欲酣茗战，得此摩挲日千遍。尺幅鹅溪缀刾藤，更教摩诘开生面。
一时佳话倾璠玙，堪备他年斑管书。月笋即今书画舫，研山同伴玉蟾蜍。

陶山明府仿古制茗壶以诒好事五首
清 吴骞

洞灵严口庀粗材，百遍临模倚钓台。传出河滨千古意，大家低首莫惊猜。（其一）
金沙泉畔金沙寺，白足禅僧去不还。此日蜀冈千万穴，别传薪火祀眉山。（其二）
百和丹砂百炼陶，印床深锁篆烟销。奇觚不数宣和谱，石鼎联吟任尉缭。（其三）
攸攸琴鹤志清虚，金注何能瓦注如。玉鉴亭前人吏散，一瓯春露一床书。（其四）
陶泓已拜竹鸿胪，玉女钗头日未晡。多谢东坡老居士，如今调水要新符。（其五）

芑堂明经以尊甫瓜圃翁旧藏时少山茗壶见视作醇雅形类僧帽为赋诗而返之

蜀冈陶复苏祠邻，天生时大神通神。千奇万状信手出，巧夺坡诗百态新。
清河视我千金宝，云有当年手泽好。想见硇砂百炼精，传衣夜半金沙老。
一行铭字昆吾刻，岁纪丙申明万历。弹指流光二百秋，真人久化莲台锡。
（吴梅鼎《茗壶赋》云：刻桑门之帽，则莲叶擎台。）

昨暂留之三归亭，箧中常作笙磬声。趺然起视了无睹，惟见竹炉汤沸海，
月松风清乃知神，物多灵闪不独君。愿今且作之浦归，免使龙光斗牛占。
噫嘻公子慎勿嗟，世间万事犹抟沙。他日来寻丙舍帖，春风还啜赵州茶。

满庭芳 吾邑茶具俱出蜀山，暮春泊舟山下赋此
清 陈维崧

白甄生涯，红泥作活，乱烟细袅孤村。春山脚下，流水浴柴门。紫笋碧鲈时候，
溪桥上，市贩争喧。推蓬望，高吟杜句，旭日散鸡豚。 田园淳朴处，牵车鸒畚，
垒石支垣。看鸥彝朴满，磊磊丘樊。而我偏怜茗器，温而栗，湿翠难扪。掀髯笑，
盈崖绿雪，茶事正堪论。

茶瓶儿·咏茗
清 陈维崧

绿罨苔溪顾渚，拍茶妇、绣裙如雨。携香茗，轻盈笑语。 记得鲍娘一赋。
邀陆羽，煎花乳，红闰日暮。玉山半醉绡帏护，且消酪奴佳趣。

赠高侍读澹人以宜壶二器并系以诗
清 陈维崧

宜壶作者推龚春，同时高手时大彬。碧山银槎濮谦竹，世间一艺俱通神。
彬也沉郁并老健，沙粗质古肌理匀。有如香盦乍脱藓，其上刻画蜼兕蹲。
又如北宋没骨画，幅幅硬作麻皮皴。百余年来迭兵燹，万宝告竭珠犀贫。
皇天劫运有波及，此物亦复遭荆榛。清狂录事偶弃得，一具尚值三千缗。
后来佳者或间出，巉削怪巧徒纷纶。腊茶褐色好规制，软媚讵入山斋珍。
我家旧住国山下，谷雨已过芽茶新。一壶满贮碧山岕，摩挲更觉胜饮醇。
迩来都下鲜好事，碗嵌玛瑙车渠银。时壶市纵有人卖，往往赝物非其真。
高家供奉最淡宕，羊腔讵屑膏吾唇。每年官焙打急递，第一分赐书堂臣。
头纲八饼那足道，葵花玉銙宁等伦。定烦雅器瀹精茗，忍使茅屋埋佳人。
家山此种不难致，卓荦只怕车辚辚。未经处仲口已缺，岂亦龙性愁难驯。
昨搜败簏剩二器，函走长鬣逾城闉。是其姿首仅中驷，敢冀拂拭充綦巾。
家书已发定续致，会见荔子冲埃尘。

观六十四研斋所藏时壶率成一绝
清 陈鱣

陶家虽欲数供春，能事终推时大彬。安得携来借砚北，注将勺水活波臣。

无锡买宜兴茶壶二首
清 冯念祖

陶出玲珑碗，供春旧擅长。团圆双日月，刻画五文章。
直并抟砂妙，还夸肖物良。清闲供茗事，珍重比流黄。（其一）
敢云一器小，利用仰前贤。陶正由三古，"茶经"第二泉。
欲听鱼眼沸，移就竹炉边。妙制思良手，官哥应并传。（其二）

台人品茗
清 周澍

寒榕垂荫日初晴，自泻供春蟹眼生。疑是闭门风雨候，竹梢露重瓦沟鸣。

论瓷绝句
清 吴省钦

宜兴妙手数供春，后辈返推时大彬。一种粗砂无土气，竹炉馋煞斗茶人。

希文以时少山砂壶易吾方氏核桃墨
清 马思赞

汉武袖中核，去今三千年。其半为酒池，半化为墨船。磨休斫骨髓，流出成元铅。
曾落盆池中，数岁膏愈坚。质胜大还丹，舐者能升天。赠我良友生，如与我周旋。
岂敢计施报，报亦非戈戋。譬彼十五城，难易赵璧然。有明时山人，搦砂成方圆。
彼视祖李辈，意欲相后先。我谓韩齐王，差与哙等肩。青娥易赢马，文枕换玉鞭。
投赠古有之，何必论媸妍。以多量取寡，差觉胜前贤。

宜壶歌答陈其年检讨
清 高士奇

荆南山下罨画溪，溪光潋滟澄沙泥。土人取沙作茶器，大彬名与供春齐。
规制古朴复细腻，轻便堪入筠笼携。山家雅供称第一，清泉好瀹三春荑。
未经谷雨焙媛绿，养花天气黄莺啼。旗枪初试泻蟹眼，年年韵事宜幽栖。
紫瓷汉玉价高贵，商彝周鼎难考稽。长安人家尚奢靡，镂熔工巧矜象犀。
词曹官冷性淡靡，叩恩赐住蓬池西。朝朝鳛直趋殿陛，夜冲街鼓晨听鸡。
日间幼子面不见，糟妻守分甘成粢。纵有小轩列图史，那能退食闲品题。
近向渔阳历边徼，春夏时扈八骏蹄。秋来独坐北窗下，玉川兴发思山溪。
致札元龙乞佳器，遂烦持赠走小奚。两壶方圆各异状，隔城郑重裹锦绨。
长篇更题数百手，叙述历落同远赍。拂拭经时不择字，童心爱玩仍孩提。
湘帘夜卷银汉直，竹床醉卧寒蟾低。纸窗木几本精粲，翻憎玛瑙兼玻璃。
瓦瓶插花香燕缶，小物自可同琰圭。龙井新茶虎跑水，惠泉庙芥争鼓鼙。
他年扬帆得恩请，我将携之归故畦。

陶器行赠陈鸣远
清 汪文柏

荆溪陶器古所无，问谁作者时与徐。
泥沙入手经抟埴，光色便与寻常殊。
后来多众工，摹仿皆雷同。
陈生一出发巧思，远与二子相争雄。
茶具方圆新制作，石泉槐火鏖松风。
我初不识生，阿髯尺素来相通。
赠我双匜颇殊状，宛似红梅岭头放。
平生嗜酒兼好奇，以此钦之神益王。
倾银注玉徒纷纷，断木岂意青黄文。

厂盒宣炉留款识，香奁药碗生氤氲。
吁嗟乎！人间珠玉安足取，岂知阳羡山头一丸土。
君不见轮扁当年老斫轮；又不见梓庆削鐻如有神。
古者技巧能几人，陈生陈生今绝伦。

以陈鸣远旧制莲蕊水盛梅根笔格为借山七十寿口占二绝句
清 查慎行

梅根已老发孤芳，莲蕊中含滴水香。合作案头清供具，不归田舍归禅房。（其一）
偶然小技亦成名，何物非从假合成。道是抟沙沙不散，与翻新句祝长生。（其二）

本书参考文献

[1]《宜兴紫砂珍赏》，顾景舟主编，远东图书公司，1992年1月第一版。

[2]《中国紫砂》，周小东、高英姿主编，江苏美术出版社，2012年11月第一版。

[3]《故宫博物院藏宜兴紫砂》，王健华主编，紫禁城出版社，2007年4月第一版。

[4]《宜兴紫砂史》，吴淑英、范伟群、周余华著，巴纳理出版社（韩国），2004年3月第一版。

[5]《民国紫砂史话》，范伟群、杨世明、陈茆生、陈家稳著，江苏美术出版社，2012年6月第一版。

[6]《中国宜兴陶瓷汉英简明辞典》，周小东主编。

[7]《明御用监太监吴经墓出土文物的一些考证》 徐佩佩。

[8]《（敦本堂）陈氏宗谱·陈鸣远》，1911年续修 宜兴市档案馆所藏。

[9]《（天远堂）北上袁邵氏宗谱·邵大亨》，1943修 上海图书馆藏。

[10]《（永思堂）范氏宗谱·范大生》，1926年修，宜兴大生艺术馆藏。

编委会名单

总 顾 问：史俊棠　马 达　邱春林

编　　著：范伟群　汪传智

主　　编：陈家稳

执行主编：李 力　朱耀华

副 主 编：于 雷　钱泽云　邱 天　汪秀智　徐立起　姚永祥　汪学智

编　　委：孙 俊　欧阳洪铮　李梦瑶　范国勤　向 峰　钱泽君　王 磊
　　　　　范伟群　汪传智　汪秀智　邱 天　姚永祥　朱耀华　陈家稳
　　　　　李 力　于 雷　徐立起　金利良　郑晓龙　蒋 丹　顾晓彬
　　　　　马东郢　汪学智

鸣谢

江苏省工艺美术行业协会

江苏省陶瓷艺术委员会

宜兴市陶瓷行业协会

宜兴范家壶庄艺术馆

宜兴大生艺术馆

后记

宜兴紫砂是中华陶瓷历史中最具有深厚传统文化精神的民间工艺，她是茶和茶文化的载体，也是人类文明的结晶，从明代的饮茶方式壶泡法以来，宜兴紫砂壶以手艺和自然材质为本，以"泡茶最好方式"的器用价值跃然于茶文化和中国的传统文化中，是道器设计一体思想的重要载体，也是提升我们民族文化自信的重要物证。

《中国紫砂名壶》的编纂分三个部分：一是古壶悠韵的作品选取从明、清至民国时期的精品力作，为此时期紫砂历史著名代表人物和作品，以出土文物和现存博物馆作品为主要入选对象，吸收和完善了典籍、文献和家谱中对作者的记载。二是大师名作，选取当代国家级大师、省级大师的代表作品，从作品创意、作品规格、装饰内容等方面使其图文并茂，赏心悦目。三是文人陶语的作品，选取中青年陶艺名手创作的紫砂茗壶与中国当代书画名家合作，使其文质彬彬，颠倒往来茶客。

紫砂文化博大精深，学术文献，考古研究，永无止境，编纂一部反映宜兴紫砂历史文化脉络的书籍，也非易事。以有利于了解宜兴紫砂从明清发展至今源远流长的紫砂艺术，有利于加深对宜兴紫砂历史文化的研究。

本书编写过程中得到了西泠印社出版社和宜兴市陶瓷行业协会的大力支持，在此一并表示衷心的感谢！

书中错误难免，恳请专家学者赐正。

范伟群
2023 年 4 月

图书在版编目（CIP）数据

中国紫砂名壶 / 范伟群，汪传智编著． -- 杭州：西泠印社出版社，2023.10
ISBN 978-7-5508-4270-0

Ⅰ．①中… Ⅱ．①范… ②汪… Ⅲ．①紫砂陶－陶瓷茶具－鉴赏－中国 Ⅳ．① K876.3

中国国家版本馆CIP数据核字（2023）第179972号

中国紫砂名壶
范伟群 汪传智 编著

出 品 人	江　吟
责任编辑	叶康乐
特约编辑	汪学智
责任出版	李　兵
责任校对	吴乐文
设计制作	金利良
出版发行	西泠印社出版社
地　　址	杭州市西湖文化广场32号E区5楼
邮　　编	310014
电　　话	0571—87243079
经　　销	全国新华书店
开　　本	787 mm×1092 mm　1/16
印　　张	18
印　　数	0001-5000
书　　号	ISBN 978-7-5508-4270-0
版　　次	2023年9月第1版　2023年9月第1次印刷
印　　刷	浙江曼普实业有限公司
定　　价	480.00元

版权所有　翻印必究　印制差错　负责调换
西泠印社出版社发行部联系方式：（0571）87243079